小学校英語サポートBOOKS

5分でできる！小学校英語活動60選

前田 陽子 著

明治図書

　この度,外国語巡回指導教員として日々の授業の中で取り組んできた活動を一冊の本にまとめることができました。これから始まろうとする外国語活動・外国語科に向け,多くの方々にお伝えできる機会をいただきましたことを心より感謝いたします。

　本書で紹介するものは,学級担任として子どもたちと関わってきた外国語活動の授業を土台に,巡回する小学校の先生方とともに試行錯誤を重ねてきたものばかりです。手立てを工夫する際,まず大事にしてきたことは目の前にいる子どもたちの反応です。単なるドリル学習や練習では子どもたちの心にも響かず,学ぶ喜びが生まれるとは言えません。

　そこで,5分という短い時間でも,「言葉」と「コミュニケーション」を大事に体験的に学ぶことができる活動を工夫したいと考えました。この願いをもとに,実際の授業の中で子どもたち一人一人の表情に注目し,聞こえてくるつぶやきにじっくり耳を傾けてきました。また外国語を通して学んだからこそ「気付き」が生まれた感動を子どもたちとともに喜んできました。一方で,期待する反応がなく,「どうしたら…?」と思い悩むことがありました。だからこそ,活動をリデザインするチャンスも生まれました。これもほかならぬ子どもたちの学びのあしあとがあったからこそだと感じています。

　さて,新学習指導要領では「教え」ではなく「学び」への転換が求められています。これは新たに始まる外国語活動・外国語科も同様です。子どもたちが主体的な学びを通して深く学び続けるために,指導者はファシリテイターとして一人一人の学びを導くことが重要だと考えます。同時によきコミュニケイターでありたいとも思います。

　私が教師となりやがて30年目を迎えます。牛深市にある深海小学校からス

タートした教員生活１年目，校区の中学校に配属されていたＡＬＴに「小学生とぜひ交流してほしい！」と頼みに行きました。アメリカからのキム先生を目の前に，たどたどしくも何とか話しかけようと目を輝かせていた小学生たちの姿が思い出されます。熊本市の一新小学校や出水小学校では，近くに住む留学生との交流を行いました。スリランカのラヴィさんが書く絵のような文字，カナダのセバスチャンがつくってくれた砂糖菓子。英語を通して「その人」と触れ合う子どもたちの姿は普段とは大きく違っていました。熊本大学教育学部附属小学校や飽田東小学校では，タブレットに映るオーストラリアやインドネシアの小学生と顔を見ながら英語で会話したこと。さらにはその相手と学校で一緒に過ごした数日間。子どもたちから沸き立つものを間近で見ながら，小学校で行う英語教育の可能性に手応えを感じてきました。

　英語教育改革も変遷を積み重ね，子どもたちの学びを支える準備がやっと整ってきたと言えます。子どもたちの期待感はさらに高いと言えるでしょう。新学期「学びたいモード全開！」の子どもたちがいます。初めての外国語活動で「たった45分の授業でこんなに（英語が）できるなんてびっくりしました！　なんか楽しい！」と授業を振り返っていました。そんな子どもたちを前に我々は背筋をピンと伸ばさずにはいられません。だからって大声を上げるのではなく，急にテンションを高くするのでもなく，落ち着いた柔らかいトーンで語りかけていきたいものです。また，素直で率直なつぶやきの中からも気付きを見出し価値づける力を磨き続けたいとも思います。

　まずは本書で，「ＡＬＴになりたい」と小学生の頃の夢を実現したベイリー先生が描いてくださった素敵なイラストや実際の子どもたちの様子が分かる写真を見ながら，共に活動を楽しんでみてはどうでしょうか。ここに紹介する５分の活動から少しずつ始めていただければ幸いです。

2019年５月

前田　陽子

はじめに

Chapter.0
ミニ活動　活用のポイント

1	ゲームだからこそのコミュニケーションを楽しむ！	8
2	聴かざるを得ない・言わざるを得ない状況をつくる！	9
3	「考えることが楽しい」を仕組む！	10
4	簡単なモデルを示してすぐに始める！	11
5	短時間（5分）で集中して楽しむ！	12
6	どの子どもも不安なく英語を使えるようにする！	13

Chapter.1
3年生のミニ活動

1	ジェスチャークイズ	【How are you? / I'm ○○.】	14
2	How many マッチング	【How many?】	16
3	世界のポストクイズ	【What color is this?】	18
4	もじもじ体操！	【アルファベット大文字】	20

5	Let's make a letter land	【アルファベット大文字】	22
6	この次なあに？	【アルファベット大文字】	26
7	この文字な〜んだ？	【What's this? / It's 〜. / That's right.】	28
8	ひょっこり文字文字	【What's this? / It's 〜. / That's right.】	30
9	3ヒントクイズ	【What's this? / It's 〜. / That's right.】	32
10	窓開けクイズ	【What's this? / 〜, please.】	34
11	いろんな声で言ってみよう	【Who are you? / I'm 〜.】	36
12	あなたはだあれ？ジャンケン	【Who are you? / I'm 〜.】	38
13	なんと言っているでしょう？	【それぞれの単元で扱う語彙】	40
14	Say & Clap	【これまでに学習した語彙や表現】	42
15	I can see bananas.	【これまでに学習した語彙や表現】	44

Column 音のキャッチ力がすごい！

Chapter.2
4年生のミニ活動

16	どんな気持ちで言えばいい？	【How is the weather? / It's sunny.】	48
17	息ぴったり！ マッチングゲーム	【曜日を表す言葉】	50
18	Let's Enjoy! 曜日リレー	【曜日を表す言葉】	52
19	オリジナルチャンツをつくろう	【曜日を表す言葉】	54
20	つられちゃダメよ！	【文房具を表す言葉】	56
21	誰が持っているの？クイズ	【Do you have（文房具）?】	58
22	小文字ならベリレー	【アルファベット小文字】	60
23	Don't say 'z'	【アルファベット小文字】	62
24	How many letters?	【アルファベット小文字】	64
25	欲しいものはどれクイズ	【What do you want? / I want 〜, please.】	66

| 26 | Which is bigger? | 【What do you want? / I want 〜.】 | 68 |
| 27 | この次なあに？ | 【これまでに学習した語彙や表現】 | 70 |

Column 肌色って英語でどう言うの？

Chapter.3
5年生のミニ活動

28	これって英語でどう言うの？	【新語句の導入】	74
29	Don't say 21/31st	【Birthday】	76
30	教科ラッキーゲーム	【What do you have on Monday?】	78
31	夢の時間割！	【I study P.E. with Ichiro!】	80
32	時間順にならべ！	【What time do you 〜? / I get up at〜.】	82
33	○○先生はどれ？	【Always? Usually? Sometimes? Never?】	84
34	どの場面でしょう？クイズ	【I can't 〜.】	86
35	She & He & I	【She can 〜. He can 〜. I can 〜.】	88
36	Me too, Me neither ゲーム	【I can 〜. /Me, too./ I can't 〜. /Me, neither.】	90
37	国旗３ヒントクイズ	【What country is this?】	92
38	Simon says	【道案内の表現】	94
39	ジョーカーを探せ！	【道案内の表現】	96
40	こんなのいやだ〜！	【文房具や日用品，場所を表す語彙】	98
41	○○を探せ！	【各教室の語彙・道案内の表現】	100
42	Go Fish ゲーム	【What would you like? / I'd like 〜.】	102
43	得意な人さがしビンゴ	【What are you good at? / I'm good at 〜ing.】	104
44	どの文字入れる？	【これまでに学習した語彙（文字と音のつながり）】	106

Column サッカーって日本語じゃないの？

Chapter.4
6年生のミニ活動

45	I & YOU トーキング	【I (You) like 〜. I (You) can 〜.】	110
46	文文カードマッチング	【語順】	112
47	Who is he/she? クイズ	【He/She can't 〜. But he/she can 〜.】	114
48	サークルゲーム	【Do you have a library?】	116
49	ホリデージェスチャークイズ	【I went to 〜. / I ate 〜. / I enjoyed 〜.】	118
50	聞いた順に並べよう	【I went to/saw/ate/enjoyed 〜.】	120
51	倍々トーキング	【I went to 〜. / I ate 〜. / I enjoyed 〜.】	122
52	ラッキーオリンピックゲーム	【What do you want to watch?】	124
53	メモリーマッチング	【What's your best memory?】	126
54	ラッキーメモリーゲーム	【What's your best memory?】	128
55	頭しっぽ探しゲーム	【What do you want to be?】	130
56	フィンガーツイスター	【Junior High School Life（部活動などを表す語彙）】	132
57	My Word Bank づくり	【What did you learn today?（その日の振り返り）】	134
58	仲良しスクラブル	【これまでに学習した語彙】	136
59	真実の口ゲーム	【これまでに学習した英語表現の復習】	138
60	スパイゲーム	【これまでに学習した英語表現の復習】	140

Column 茶道ってティーロードでいいかな？

Chapter.0　ミニ活動　活用のポイント

1　ゲームだからこそのコミュニケーションを楽しむ！

1　ゲームそのものの面白さを楽しむ

　子どもたちはゲームが大好きです。なぜなら，「面白い」からです。ゲームでの駆け引きにドキドキ，わくわくと心が動き，いつまでもやり続けたいと思うほどです。外国語の授業で行うゲームでも同じです。子どもたちは，必然的に英語を使いながら，ゲームそのものを楽しむことができます。まさに，ゲームという遊びの中で，目の前の友達とやりとりを進めながらコミュニケーションを図っていると言えるでしょう。

2　言葉を通じて交流する心地よさ

　外国語の授業におけるゲームは，自分一人だけの楽しさではありません。必ず友達との関わりが生じます。日頃一緒に遊ばないクラスメートともゲームを通じて一緒に活動する場が生まれます。関わりがなければ知らなかった相手のよさに触れる機会にもなりますね。特に，「英語」という普段使わない言語で交流を進めるので，学級全体では相談できなかったこともゲームという遊びの中で，分からないときや困ったときにも自然に尋ね合い，安心して活動できる安心感がうまれます。指導者も，そんな子どもたち同士の頼り合いから，一人一人のよさを見出す嬉しさを味わうことでしょう。

2 聴かざるを得ない・言わざるを得ない状況をつくる！

1 「聴きなさい！ 言いなさい！」と指示してはいませんか？

　授業中，子どもたちに「聞きなさい！」と指示することはありますか？多いとしたら，子どもたちを注意するのではなく，指導者として自分の方策を見直すべきではないでしょうか。なぜなら，「ぜひ聴きたい！」と子どもたちが思うときは，指示がなくとも「し～ん」となるからです。つまり，手立ての仕方ひとつで「静かにしなさい！」などの注意は不要となります。目の前の子どもたちの姿にこそ，自分の指導のあり方を見つめ直し，手立てを工夫するためのヒントが隠されていると言えるでしょう。

2 頭と心が動くものを！

　本書では，子どもたちに，「えっ，どうして？」という問いや「気になる！　考えさせて！」という立ち止まり，「挑戦してみたい！」というやる気を起こさせるような工夫を考え，紹介しています。他の教科等の実践と同様に，子どもたちの興味・関心を掻き立てるような教科の本質に迫る課題が  必要です。英語ならではの音や表現の仕方など，外国語に触れるからこそ感じる「違和感」を学びの面白さとして感じさせたいですね。

3 「考えることが楽しい」を仕組む！

1　「引っ掛け」を取り入れる

　子どもたちがなぞなぞやクイズに夢中になっている姿は，普段の学校生活でもよく見かけます。自分で考えることが楽しいのでしょうね。授業でも同じです。子どもたちは，「考えたがっている！」のです。このような子どもたちの実態を，授業で活かさないなん

て勿体ない話です。「あれっ，どういうことだろう？」「何にしよう？」「どうしよう？」と頭をひねる「引っ掛け」を取り入れます。指導者も子どもたちとの駆け引きを楽しみながら，英語によるやりとりに慣れ親しみましょう。

2　普段は考えてもみないことから

　英語を通じたコミュニケーション活動だからこそ「こんなこと考えてもみなかった！」という思いが生まれるのも，外国語の授業の醍醐味と言えます。

　文化や言葉への気付きは学ぶ面白さであり，人とのコミュニケーションを図る上での気付きは，普段の言語生活にも波及するものとなるでしょう。自分は何が好きなのか，得意なことはどんなことか，など自分の気持ちや考えを自ら見つめ直し，人に伝える楽しさを味わわせたいですね。

4 簡単なモデルを示してすぐに始める！

1 だらだらと説明はしない！

クイズやゲームなどは，言葉で説明するよりも，まずはやってみることが一番分かりやすいと言えます。

「Watch me (us), please.」と，すぐにデモンストレーションを始めましょう。ＡＬＴがいる場合は２人で，指導者が１人の場合は，代表児童を前に呼んで行います。

デモンストレーションを行う相手が，どうしてよいか分からない様子のときには，その相手にだけ小さな声で教えるのではなく，他の子どもたちにも聞こえるような声で伝えます。相手に伝えながらも，学級全体に伝えるようにすることがポイントです。

2 グループ活動は全員を集めてモデルを示そう

３～４人での活動の場合は，写真のように全体を１箇所に集めてやって見せます。この場合も指導者がグループの１人として振る舞います。また，使用する英語表現はやり進めながら，全体で一緒に声に出したり，繰り返したりして，少し練習を取り入れるようにしましょう。

5 短時間（5分）で集中して楽しむ！

1 単元の中で繰り返し楽しもう！

本書で紹介している活動は，その単元で扱う英語表現に慣れ親しむために，短い時間で取り組むことができるものばかりです。また，合計4～8時間の単元計画の中で，前半，中盤，後半と目標に応じて繰り返し取り組むことも可能です。

行うときに必ず，「Let's enjoy '(活動名)'！」と活動名を言うようにしましょう。そうすることで，子どもたちはその活動名を聞いただけで何をするのかを理解できるようになるからです。

また，取り組むときは終わりの時間を決め，スパッと次の活動に移りましょう。

2 ちょっとした隙間時間でも楽しもう！

外国語活動や外国語の授業以外でも楽しめる活動です。学級の時間として，5分ほどの隙間時間の活用，ウォームアップやグループエンカウンター的な活動として取り組むこともできます。普段の生活でも英語を通じたコミュニケーションを楽しむことで，英語表現の慣れ親しみだけではなく，子ども同士の関係を円滑にする手立てとしても有効だと考えます。

6 どの子どもも不安なく英語を使えるようにする！

1 いつでも気軽に「Help me, please!」

どんなときでも思いやり合う学級の雰囲気があるのは前提です。しかし，困ったときにどうすればよいか，その方法を子どもたちに具体的に伝えておく必要があります。普段使わない外国語を使うのですから，「分からない」のは当たり前ですが，「分かりたい！」，「もっと英語

を使ってみたい！」という願いを子どもたちは抱いていると思います。そこで，どんな活動でも「Help me, please.」と言ってよいことを伝えておきましょう。「Help me, please.」という声が聞こえたら，指導者はすぐに耳を傾け，また側に寄り添います。

2 おおよそのことを類推できるような工夫をする

指導者がクラスルーム・イングリッシュを使っていても，ジェスチャーや表情，イラストなどで何を言っているかが類推できるようにします。また，指示ばかりではなく，「Nice try!」，「You did good job!」のような称賛の言葉や，「Oh, you went to Nagasaki. That's nice.」などのコミュニカティブ・イングリッシュも自然なやりとりとして使っていくようにしましょう。指導者と子どもたちとの柔らかで自然なやりとりを目指しましょう。

Chapter.0 ミニ活動 活用のポイント

Chapter.1　3年生のミニ活動

1　ジェスチャークイズ
―How are you? / I'm ○○.

人数	全員，ペア
準備物	気分を表す絵カード（大）

ねらい
　感情や状態を尋ねたり答えたりする表現に慣れ親しむ。表情やジェスチャーをつけて，相手に伝わるように工夫しながらやりとりができるようにする。

STEP 1　気分を表す表現を絵カードで確認する

　教師は絵カードを示しながら，絵が表す表現を英語で言い，黒板に貼っていきます。子どもたちには，後について繰り返させたり，「How are you?」と尋ねさせたりします。

STEP 2　全体でジェスチャークイズを楽しむ

　はじめに，指導者がジェスチャーをやって見せます。ジェスチャーを示した後に，「Which one?」と黒板の絵カードを指しながら「I'm fine?」，「I'm hot?」，「I'm cold?」，「I'm happy?」のように，1つずつ尋ねていきます。その後は，次のように活動を進めます。

① 「Any volunteer?」とクイズ出題者を募る。
② 「○○さん，come front, please.」と1人を指名する。
③ 全員に「Ask ○○さん 'How are you?'」と伝え，出題者にジェスチャークイズを出題させる。
④ 「How is ○○さん？」と全体に問い返す。
⑤ 挙手した1人あるいは全員に「Are you sleepy?」と尋ねさせる。
⑥ 出題者は「Yes, I'm sleepy.」と答える（違う場合は「No, I'm not.」）。

前でジェスチャークイズを行った代表者には，みんなで大きな拍手をし，よかったところを具体的に伝え称賛しましょう。

STEP 3　ペアでジェスチャークイズを楽しむ

2人組でジャンケンをします。勝った方がジェスチャーを行い，負けた方が「I'm cold.」と相手の気分を当てるように伝えます。ペアで行わせる前に，教師が，ＡＬＴあるいは代表の子どもの前でデモンストレーションでやって見せる方がよいでしょう。どうやればよいか見てすぐに分かるので，2人組になってもスムーズに進めることができます。

活動のポイント

・顔の表情や体全体で思いっきりジェスチャーを示すべし！
・代表でジェスチャークイズを行った子どもをしっかり称賛すべし！

How many マッチング
―How many?

人数	全員，ペア
準備物	なし

ねらい
「1〜10の数字の言い方」と「いくつあるか」を尋ねる言い方に慣れ親しむ。ある数字を指で表すゲームを通して，考えながら英語を聞くことができるようにする。

STEP 1　数字の言い方を確認する

指導者は「one, two, three, …」と言いながら，イラストのように数を指で示していきます。子どもたちにも同じように声に出しながら，指で示すように促します。

次に，「How many? one. How many? two.」と声に出しながら指で示し，「How many? ten.」まで子どもたちと一緒に声に出しながら続けていきます。

STEP 2　全員でHow manyマッチングを楽しむ

指導者が「How many?」の後に数字を言うのと同時に，同じ数を指で示すように伝えます。指導者は，「How many?」の後に，1から10までの数字

をランダムに言うようにします。同じ数になれば1ポイントとなります。

数回楽しんだ後,何ポイント獲得できたか,「How many points did you get?」と英語で尋ねます。子どもたちの中には「3（さん）ポイント」と日本語で伝える子どももいます。その際は「Oh, you got 3 points.」と英語で声を掛けるといいですね。そうすることで,「そうか,そのように英語で言えばいいんだな」と英語で伝えるように子どもたちに促すことできます。

STEP 3 ペアで How many マッチングを楽しむ

代表者1人を前に呼び,ペアで How many マッチングするやり方をデモンストレーションで示します。2人で声を合わせて「How many…」と言い,それぞれある数を英語で言いながら同時に指でその数を示します。2人の数が揃ったらハイタッチして喜びます。その後,ペアで楽しむように伝えます。指導者は全体を見て回りましょう。

指で数を示さずに声だけで表すようにすると,11から20までの数字で遊ぶこともできます。数字がピッタリ合って声が揃うとより盛り上がります。

活動のポイント

・全体ではリズムにのって声を合わせながら楽しく行うべし！
・2人組での How many マッチングではしっかり声を出させるべし！

3 世界のポストクイズ
―What color is this?

人数	全員
準備物	クイズ動画または，世界のポストの写真（本文参照）

ねらい

世界にあるポストが何色かを考えるクイズを通して，色の尋ね方と答え方に慣れ親しむ。また，日本で見慣れているポストも，世界に目を向けるといろいろな色のポストがあることを知る。

STEP 1 「色当てクイズ」の動画（写真）を準備する

まず，色当てクイズをすることを知らせます。事前に，クイズ用に世界各国のポストの写真を準備しておきます。ウェブ検索すると国によっては黄色，シルバー，青，緑など，日本にある赤いポストとは異なる色のポストがあることが分かります。

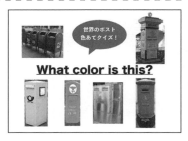

私は，それらの写真をプレゼンテーションソフトに貼り付け，クイズを作成しました。その際，1枚目のシートには写真を白黒に加工したものを貼り付けます。その上に重なるように，色付きの写真を貼り付け，アニメーションで少しずつ現れるように設定するとポストが白黒からカラーに変化して見えるようになります。

あるいは，白黒とカラーの両方を用紙に印刷したり，写真データを順にモニターに提示したりするだけでも手軽にクイズとして使用できます。

STEP 2 クイズを出す

　まずは，白黒写真を提示し，「What color is this?」と子どもたちに尋ねます。子どもたちは「red!」，「blue!」など次々に声に出してくれるでしょう。それらを「red?」，「blue?」のように子どもたちに丁寧に返していきます。しばらくやりとりを繰り返した後で，「OK! Let's check.」と次の写真を提示するようにします。

　子どもたちは，色がついた写真が見え始めると「あ～黄色だ！」のように分かったことを声に出すでしょう。それらの声が静まり，子どもたちが落ち着いたところで，

　「Yes, it is yellow. Posts are yellow in Spain.」
のように，英語で確認するようにします。

　国によっては，日本と同じ赤色もありますが，緑や青，シルバー，2色のものなど多様なポストがあることが分かります。そのこと自体を楽しみながらクイズを行うといいですね。

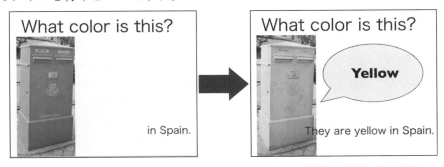

白黒の写真を提示してから…　　　カラーの写真と答えを提示する

活動のポイント

・答えを出す前に，色の英語を使ってたっぷりやりとりすべし！
・どの国のポストかも伝え，世界に目を向けさせるべし！

Chapter.1　3年生のミニ活動

もじもじ体操！
―アルファベット大文字

人数	全員，ペア
準備物	大文字カード（大）

ねらい

アルファベットの大文字の読み方を確認し，それぞれの文字の形に着目させる。友達と協力しながら体を使ってアルファベットの大文字を形づくらせることで，大文字の認識を深める。

STEP 1 アルファベットソングを歌う

デジタル教材を使い，アルファベットソングを全体で歌います。歌った後は，黒板に貼ったアルファベット（大文字）カードを示しながら，
「What's this?」
と尋ねましょう。特に子どもたちが言いづらそうにしている大文字を声に出して，繰り返し声に出すようにします。

大文字の読み方が理解できたところで，
「Make 'E', please.」
のように伝え，体で文字を表現するよう伝えます。指導者も一緒に体を使いながら，いくつか大文字を体で表しましょう。

STEP 2 もじもじ体操を楽しむ

　ＡＬＴあるいは代表の子どもと２人で大文字をつくります。体を使ってアルファベット26文字の中の１文字を示し、「What's this?」とどの文字かをクイズにしましょう。

　次に、自分たちで大文字をつくるように伝えます。子どもたちは、黒板の大文字カードを確認し、「ねえねえ、こうやってみたらどうかな？」などと相談しながら、できそうな文字から下の写真のように次々とつくり始めます。

　写真のように、子どもたちの自由な発想が多く見られるでしょう。また、「こんなのできたよ！」と互いに見せ合い、主体的に取り組む姿も見られます。「What's this?」と英語で尋ね「This is 'K'.」など、英語のやりとりを楽しみながら見て回ることができるでしょう。

　４人組で大文字クイズを考え、全体で「What's this?」と尋ねる活動を楽しむこともできそうですね。

活動のポイント
・机や椅子を片付け、広い空間で思いっきり体を使わせるべし！
・自由な発想を称賛し、互いに紹介させるべし！

Let's make a letter land
―アルファベット大文字

人数	全員
準備物	ワークシート，電子黒板やタブレット（あれば）

ねらい

子どもたちに身近なイラスト，あるいは風景の写真のなかに，大文字の形を見つけて印をつけていくことで，大文字への関心・意欲を高めるようにする。

STEP 1　写真の中に文字を探す

イラストあるいは写真の一部を電子黒板や各タブレットに表示します。

「Can you find some letters in this picture?」

電子黒板の写真を指差して，

「I can see a letter 'T' here.」
と 'T' を書き込みます。

「Can you see other letters?」
と子どもたちに問いかけます。他の文字を見つけた子どもがいれば，画面の前に呼び，電子黒板に書き込ませます。

扱う写真は，身近にある教室や校内の一部を撮影したものです。アルファベットの文字が書かれたものではなく，窓枠やドアの形，時計やバッグかけのフックなどから大文字を連想できるようにします。

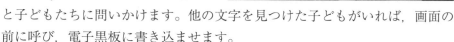

STEP 2　ワークシートに文字を見つけて書き込む

　子どもたちにワークシートを配付します（次ページワークシートをコピーしてご使用ください）。イラストが得意なＡＬＴの先生に下のようなものを作成していただきました。

　見つけた大文字がはっきり分かるように，イラストの上からマーカーなどで書き込ませましょう。3年生は，大文字を見つけるたびに喜んでは，書き込んでいます。タブレットの活用が可能であれば，写真やイラストのデータを各タブレットに配付してもいいですね。

　まだ文字に慣れ親しんでいない子どもたちがいる場合は，アルファベットソングやチャンツなどに立ち戻る必要があるかもしれません。

活動のポイント

・身近な場所の写真を用意すべし！
・電子黒板やタブレットの書き込み機能を活用すべし！

Chapter.1　3年生のミニ活動

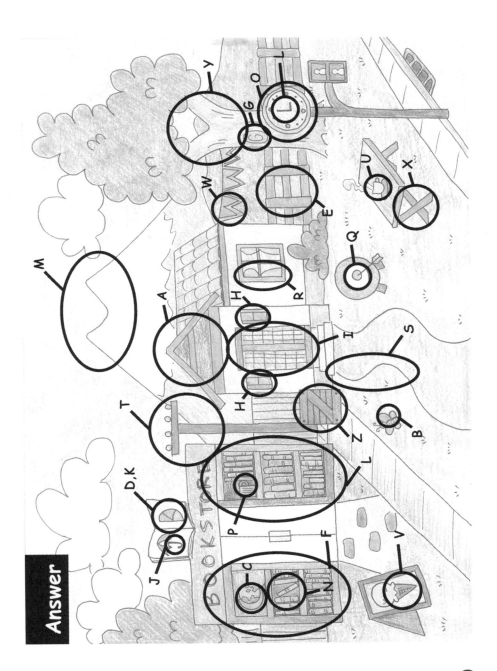

Answer

25

6 この次なあに？
―アルファベット大文字

人数	全員，ペア
準備物	なし

ねらい
アルファベットの大文字の一部を見て，続きを書き足していくことで，大文字の形に着目し文字への認識を深める。アルファベットを歌やチャンツで十分慣れ親しんだ後の発展的な活動として行う。

STEP 1　教師が黒板に1画書く

指導者がある大文字の一部を黒板に書いて，下のように，子どもたちに投げかけます。

「What's next? Please write after this.」

チョークを持ったまま，続きを書くようにジェスチャーで子どもたちに促します。

子どもたちは，何をするのか推測してそれぞれに呟き始めるでしょう。「誰かが続きを書くのかな」「アルファベットだ！」などという声が聞こえたら，「That's right.」と言って大きく頷きます。そうすることで，子どもたちには指導者が何を求めているのかを理解することができます。日本語で一つ一つ説明するのではなく，英語での指示をみんなで分かっていく経験をしっかり積ませていくことを大事にしたいですね。

STEP 2 代表者が続きを書く

1人を指名し,「Come here, please.」と前に呼びチョークを渡します。改めて,「Please write after this.」と伝えます。代表者が少しずつ書き進める途中で,「Stop, please.」と書くのを止めます。「Thank you for writing.」と書いてくれたことにお礼を伝え,他の子どもたちに「What's next?」と,さらに続きを書くように促します。

次の子どもを指名し,同じように続けます。最後に出来上がった大文字を「What's this?」と全体に尋ねます。

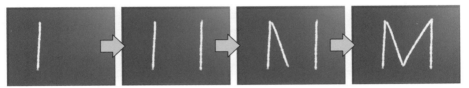

STEP 3 2人で書く

ペアで同じように少しずつ書き続けます。ジャンケンをして勝った人から書き始めます。どの文字を書くかは互いに何も言わないようにします。

「Your turn. Here you are.」と英語で紙を受け渡しながら進めさせましょう。

最後に,どんな文字が出来上がったかを全体に尋ね,紹介しましょう。

活動のポイント

・説明なし！　進めながらやり方を示すべし！
・どの文字が出来上がるか書きながら楽しませるべし！

Chapter.1　3年生のミニ活動

7 この文字な〜んだ？
―What's this? / It's 〜. / That's right.

人数	ペア
準備物	大文字カード（大），児童用テキスト

ねらい

手や背中にどの文字を書いたのかを当てるゲームの中で，繰り返し「What's this? / It's (T).」と尋ね合う活動を通して，「What's this?」「It's 〜.」「That's right.」の表現に慣れ親しませる。

STEP 1 アルファベットソングを歌う

黒板にアルファベットの大文字カードを提示します。指導者は，大文字カードを指し示しながら，「♪ＡＢＣＤ〜」とアルファベットソングを口ずさみます。

子どもたちも自然と声に出し，歌い始めますのでそのまま一緒に歌います。

STEP 2 代表者とモデルを示す

ＡＬＴあるいは代表の子どもとデモンストレーションを行います。ゲーム中に使う英語表現で以下のように実際にやって見せながら，子どもたちがやり方を理解できるようにします。

まず，2人で「Rock, scissors, paper. 1, 2, 3.」とジャンケンをします。

28

ジャンケンで負けた方が，相手に手のひらを出し，目を閉じます。ジャンケンに勝った人が，相手の手のひらに大文字どれかを選んで書きます。書くときには，「What's this?」と言うように指導します。1回目で分からない場合は，「One more time, please.」と言うように伝えましょう。分かるまで手に書いてもらい，分かったら「It's 'D'.」と答えます。正解であれば，「That's right.」と英語で伝えましょう。

STEP 3　ペアで楽しむ

子どもたちがやり方を理解したことを確認してから，

「Let's play with your partner.」
と伝え，2人組で活動するようにします。

児童用テキストの大文字が書いてあるページを開けさせ，文字が確認できるようにすると子どもたちも安心して取り組めるようです。

指導者は，子どもたちが「What's this?」，「It's 'R'.」，「That's right.」と英語でやりとりできているかを見て回ります。1回終われば交替で問題を出し合うようにします。

活動のポイント

・説明するよりやって見せるべし！
・英語でやりとりする姿を思いっきり称賛すべし！

【参考】金森強（2004）『ハリー博士のえいご聞き取り特訓教室』（アルク）

Chapter.1　3年生のミニ活動　29

ひょっこり文字文字
―What's this? / It's ~. / That's right.

人数	全員
準備物	大文字カード（大）

ねらい

大文字26文字のどれかを考えながら，「What's this?」を使ったやりとりに慣れ親しむ。アルファベットの文字の形に注目しながらどの文字か判断し，「It's ~.」を使って答える言い方に慣れる。

STEP 1　ちらっと見せて「What's this?」

　大文字カード1枚を選び，右の写真のように紙の背後から少しずつ上に上げながら，子どもたちに「What's this?」と問いかけます。何も見えないうちは，子どもたちは「先生，何も見えません」と言うかもしれません。そんなときには，「OK. Up, Up, Up…」と言いながら，さ
らに少しずつ上げていきます。指導者の「Up」の言葉に誘われて，子どもたちも「Up! Up!」と声を出し始めることでしょう。

　文字が少し見え始めると，子どもたちはそれぞれに予想し，考えを口に出し始めます。何のヒントもなく始めることで，子どもたちはいろんな予想を立てると思います。はじめの1枚は，「アルファベットの文字」であることも知らせないで行えば，子どもたちは想像を掻き立てられる面白さを味わうことでしょう。

STEP 2 さらに見せて「What's this?」

「Up? Down?」と声をかけながら，さらに紙を上に上げていきます。時々，上に上げるのを止めながら，「What's this?」と問いかけ，子どもたちの考えを聞いていきます。さらに見えてくると，子どもたちは何かの文字の一部であることに気付き始めます。

例えば，下の写真（左）では，見えてきた形から「H」や「N」と言う声も聞こえてきます。指導者は，子どもたちの声を拾っては「H?」「N?」と返しながら，さらに少しずつ上げていきます。だんだん見えてきたところで，子どもたちは「あ〜，Mだ！」と声をあげるでしょう。それらの声が落ち着いたところで，「That's right. This is M.」と伝えます。

STEP 3 上下逆さにした文字を問題に出す

発展として，文字を上下逆さにして問題に出すのも面白いです。また，右や左など横から出しながら「Right, please.」，「Left, please.」，「Down, please.」のような表現を使わせてもいいでしょう。大文字は，形の似ているものが多いので，答えに迷うからこそ，子どもとのやりとりが楽しくなります。

活動のポイント

・子どもたちの声を拾いながら，英語でのやりとりを楽しむべし！
・どの文字をどの順番で問題にするか事前に決めておくべし！

3ヒントクイズ
―What's this? / It's 〜. / That's right.

人数	ペア，グループ
準備物	絵カード（動物・果物・野菜・スポーツ）

　これまで学習した語彙を活用しながら，英語による3ヒントクイズを楽しむ中で，「What's this? / It's 〜. / That's right.」のやりとりに慣れ親しむ。

STEP 1　指導者の3ヒントを聞いて考える

　子どもたちがたくさんの英語の語彙に慣れ親しんでいる場合は，指導者はすぐにクイズを始めます。そうでない場合は，クイズの答えになる語彙の絵カードをはじめに提示し，子どもたちと一緒に声に出しておきます。提示する絵カードは果物や野菜など，複数のジャンルにしましょう。

　はじめに，ヒント1として「Hint one. It's a fruit.」などと，そのジャンルを言います。次に，ヒント2として「Hint two. It's red.」などと，その色を伝えます。このとき指導者は，「It's a 〜.」と「a」をつけて言わないように気をつけましょう。「a」をつけるかつけないか迷う場合は，ＡＬＴやＪＴＥなどに尋ねておくと安心です。ヒント2で子どもたちは答えを言いたがります。そこで，1人を当て，その考えを聞きます。指導者は次のヒント3を言うために，その子どもが言った答えには「Sorry. No, it isn't. But nice try!」と伝え，最後のヒントを出します。最初のクイズでは，できるだけ全てのヒントを子どもたちに提示します。

STEP 2　ペア（グループ）で3ヒントクイズを出し合う

　ヒントにどんなものが出せるかを子どもたちと確認します。ヒント1では果物や野菜などというジャンル，ヒント2にはその色や見た目の形，ヒント3にはさらに詳しい情報となることを共有します。

　ここで，ペアやグループでの活動に入ります。児童用テキストの巻末絵カード，あるいは小カード（子どもたちが慣れ親しんできたもの）を裏返し，真ん中に重ねて置きます。

　ジャンケンに勝った人から順に問題を出します。真ん中に置いたカードを1枚取り，それが答えになるような3ヒントを出していきます。やりとりの例を下に示します。

出題者：Hint 1. It's a vegetable. 　　**回答者**：Hint 2, please.
出題者：OK. Hint 2. It's green. 　　**回答者**：It's a green pepper.
出題者：No, it isn't. Hint 3? 　　**回答者**：Yes! hint 3, please.
出題者：Hint 3. It's long. 　　**回答者**：It's a cucumber.
出題者：Yes, that's right. 　　**回答者**：OK, my turn.
（次の出題者はカードを1枚引いて，ヒントを出す）

活動のポイント

・ジャンル，色，形などヒントが出しやすいものを出題すべし！
・答えになるものを精選すべし！

Chapter.1　3年生のミニ活動

10 窓開けクイズ
―What's this? / 〜, please.

人数 全員
準備物 色々な形の窓を開けた封筒，絵カード

ねらい
封筒の中にあるカードに何が書かれているかを当てる活動を通して，「What's this? / It's 〜.」や「〇〇, please. / OK.」のようなやりとりに慣れ親しむ。

STEP 1 色々な形の窓が付いた封筒を見せる

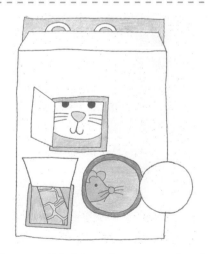

指導者は，右のような封筒をおもむろに子どもたちに見せます。そして，「What's this?」と問いかけます。封筒にあるそれぞれの形は，窓になっています。

そこで，例えば右のイラストのように，片手で窓をちらっと開けて見せます。日本語で説明しなくても，顔の表情や，動き，問いかけるような話し方から，子どもたちは，「中に何があるか当てるんだね」と推測できます。

クイズだと分かると，子どもたちは面白がって，「ようし，当ててやるぞ〜」と考えることを楽しんでくれます。

STEP 2　どの形の窓を開けるか，英語で尋ねるように促す

　子どもたちがやり方を理解した様子を見せ始めたところで，次のように問いかけます。
　「Which shape do you want to open? Circle? Square?」
　形をつぶやいている子どもを指名します。
　「〇〇さん，Which shape?」
　どの窓かを聞き取って「Circle? OK.」とその子どもの言葉を受け取ります。

STEP 3　中にあるカードに何があるか当てさせる

　「Three, two, one, open.」
と言いながら，子どもたちにも一緒に声を出すように促します。そして，
　「What's this inside?」
と中にあるカードの絵が何かを尋ねます。それぞれに話し始めるので，
　「Raise your hand?」
と言いながら，指導者が手を挙げ1人を指名し，改めて，
　「What's this?」
と問いかけ，答えさせます。すぐに答えを知らせず，
　「Cat? What do you think?　〇〇さん」
と他の子どもに尋ね返したり，「Really?」と勿体ぶっては他の子どもを指名したり，英語でのやりとりを楽しみましょう。

活動のポイント

・無駄に説明せず，すぐにクイズを出すべし！
・すぐに答えを知らせず，やりとりを楽しむべし！

11 いろんな声で言ってみよう
―Who are you? / I'm 〜.

人数	全員
準備物	Let's Try1 Unit9，ペープサート（STEP2参照）

絵本に登場する動物になりきって，声に出し，絵本の世界を英語で楽しむことができるようにする。

STEP 1 動物になりきって声を出す

「Let's Try1」のUnit9「Who are you?」（もしくは補助教材「In the Autumn Forest」）の読み聞かせをする中で，隠れている動物のセリフを子どもたちが言うようにします。

　始める前に役割を確認します。指導者が「I'm a dog.」と役割を伝えます。次に子どもたちの役割を決めます。机の列ごとに，「You are 'a rabbit'. You are 'a monkey'. …」と決めたり，やりたい動物を選ばせたりしてもいいでしょう。「Are you a…?」の後のセリフをそれぞれの役になりきって声に出すように伝えます。セリフの後の鳴き声を付け加えれば楽しくなります。英語の鳴き声で挑戦することもできます。「I'm a cow.」の後に，指導者が「Moo.」と鳴き声を表します。3年生の子どもたちはすぐさま「モー！」と日本の牛の鳴き声で言うでしょう。そこで，「In English, moo!」と言い，真似させるのです。羊や馬なども日本語とは言い方が違うので，気付きとして学ばせることもできます。

STEP 2 登場人物を変えて行う

指導者はそのままかくれんぼのオニ役で物語を進めていきます。テキストは使わず，かくれている人を探すジェスチャーを付けながらお話を進めていきましょう。

セリフの「I see something 〜.」の部分を別のものに言い換えます。その後，隠れている人物のペープサートを子どもたちに見せます。例えば，「I see something small.」と言い，一寸法師のイラストを見せます。「Who are you?」と尋ね，子どもたちに「I'm 一寸法師.」と言うように促します。次に「I see something great. Who are you?」と言い，鬼を見せます。 他の例として，次のようなものが考えられます。子どもたちが親しみのある学校の先生方を登場させても楽しくできそうですね。

I see something scary.	→ 美女と野獣の野獣
I see something cute.	→ くまモン
I see some<u>one</u> kind.	→ 校長先生の写真
I see some<u>one</u> great.	→ 内村航平さんの写真
I see some<u>one</u> cool.	→ スパイダーマンのイラスト

活動のポイント

・役になりきるべし！

・いろんな声色を楽しませるべし！

Chapter.1 ３年生のミニ活動

12 あなたはだあれ？ジャンケン
―Who are you? / I'm ～.

人数	全員，ペア，グループ
準備物	なし

ねらい

「Let's Try1」の Unit9「Who are you?」や補助教材の絵本「In the Autumn Forest」の読み聞かせを楽しんだ後，ジャンケンゲームを通して，「Who are you? / I'm ～.」のやりとりに慣れ親しむ。

STEP 1 　3つの動物を選び，ジェスチャーを確認する

絵本のお話に出てくる動物の中から，3つを選びます。それぞれを表すジェスチャーを決め，子どもたちと動きを確認します。

このとき，「I'm a」までは両手を下にして一緒に声に出します。続きを「cat」と言いながら，猫を表すジェスチャーを行います。他の2つの動物もジェスチャーを決め，同じように動きを確認しましょう。

STEP 2 　全体でジャンケンゲームをする

指導者が先に「Who are you?」と声を出します。このとき，足のももの辺りを両手でトントンと軽く叩き，リズムを取るようにします。それに続けて，子どもたちにも「Who are you?」と声を出させ，同じようにももの辺

りを軽く叩きリズムを取らせます。2回ほど繰り返します。

その後，指導者と子どもたちと同時に「I'm a」と声を合わせます。そして，それぞれに3つの動物の中から1つを選びジェスチャーとともに「tiger」などと声に出します。

指導者と同じジェスチャーを出せば勝ちとします。数回続けて楽しみます。

STEP 3　ペアやグループで楽しむ

はじめは「Who are you?」の部分だけ全体で声をそろえて言い，「I'm a ～.」の対戦を2人組で楽しませます。

しばらく慣れてきたら，2人のタイミングでも始められるようにします。2人組でジャンケンをして勝った人が先に，

「Who are you?」

と言うように決めると，ゲームを進めやすいでしょう。数回楽しんでは，動き回りながら相手を変えて行ってもいいですね。

また，3人組や4人組のグループでも同じように楽しむことができます。

3つの動物を別のものに変えたり，4つの動物で行ったりするなど，少しずつ使用する動物名を変えていくとウォームアップの活動として，日替わりで楽しむこともできます。

活動のポイント

・3つの動物のジェスチャーははっきり区別できるものにすべし！

・リズムをとりながら声を出すべし！

13 なんと言っているでしょう？
―それぞれの単元で扱う語彙

人数	全員，ペア
準備物	絵カード（大・小）

ねらい
ある程度慣れ親しんだ語彙について，一部の音声を別の音にしたり，口だけ動かしたりすることで，どの言葉を言っているかを推測する楽しさを味わわせる。

STEP 1 絵カードで口慣らし

単元で扱っている語彙の教師用絵カードを黒板に提示します。1つずつ指導者の後に続いて声に出させます。テンポよく，また丁寧に発音していきましょう。ALTに発音してもらうのもいいですね。絵カードを指し示しながらも，子どもたち一人一人の様子をしっかり見て，全員が声に出しているか見届けましょう。

STEP 2 一部の音だけを変えて言う

例えば，「brown」のところを「crown」と言うなど，言葉の1箇所だけ音を変えます。子どもたちには「brown」と正しい方で言うように伝えておきます。色を表す英語を扱うとすれば，次のように1音だけ変えて言うことができます。中には，子どもたちがこれまでに聞いたことがある言葉も出て

きたりするので,「1音違うだけで言葉の意味が変わる!」という気付きを促すこともできます。また,まったく意味のない言葉になる場合は,英語の音の面白さを楽しむこともできます。面白さを楽しみながらも,「そんな言葉じゃないよ! こう言うんだよ!」とより正しい言い方にフォーカスさせることができます。「色」の例を下に紹介します。

> **他にも意味があるもの**:「red」→「bed」,「black」→「clack」,
> 　　　　　　　　　　　「gold」→「cold」,「orange」→「oh! lunch!」
> 　　　　　　　　　　　「yellow」→「mellow」,「pink」→「pig」
> **意味がないものなど**　:「blue」→「mlue」,「silver」→「zilver」

STEP 3 全ての音をなくし,口の動きだけ見せる

「What's this?」と言い,声には出さずに「blue」と言うように口だけを動かします。数人が自分の考えを呟くでしょう。そこで再度,「OK. Watch me, please.」と言って同じように口だけを動かして見せます。1人を指名し,どの言葉かを当てさせます。正解した場合「That's right. Blue! Let's say together.」と伝え,一緒に声に出させます。

いくつか全体で楽しんだ後は,ペアで行わせることもできます。ペアに小カードを配付し,裏返して中央に広げさせます。ジャンケンをして勝った人から1枚を取り問題を出し合います。「What's this?」と言った後,声に出さずに口だけ動かして,問題にします。「It's 'black'.」「That's right.」などやりとりしながら楽しめます。

活動のポイント

・まずはしっかり声に出させるべし!
・ゆっくり大きく口を動かして見せるべし!

14 Say & Clap
―これまでに学習した語彙や表現

人数 全員
準備物 なし

ねらい

指導者が言う語彙や英語表現を聞いて,「赤い」「食べられる」など条件に当てはまるものであれば同じように繰り返して声に出す。当てはまらない場合は手を叩き,考えながら聞くことができるようにする。

STEP 1 条件を伝える

次のように子どもたちに伝えます。
「これから先生が言うものが,食べ物だったら同じように真似して言いましょう。でも,食べ物でなかったら,手を叩きましょう」

条件が「食べ物」であれば,子どもたちがこれまでに学習してきた食べ物を表す言葉と,食べ物ではない言葉の中から,選んでおくといいでしょう。

絵カードは用意しないので,子どもたちは指導者が言う言葉を聞いて,同じ言葉を言うか手を叩くか判断しなければなりません。実態に応じて,食べ物やそれ以外の絵カードを提示しながら行い,その後,絵カードなしに挑戦させてもいいですね。

他に考えられる条件としては,「勉強に使うもの」,「スポーツ」,「色を表す言葉」などがあります。

STEP 2 １つずつ言葉を伝えていく

　例えばお題を「食べ物」にします。指導者から次のように声を出し，ゲームを進めていきます。

> 　　指導者「apple」→子ども「apple」
> →指導者「pizza」→子ども「pizza」
> →指導者「tree」→子ども（手を叩く）
> →指導者「rice ball」→子ども「rice ball」
> →（…続けていく）

　手を叩くところで，間違って「tree」などと言った子どもがいたとしても，それを責めるのではなく，「All right. You can do it next time!」と明るく励ましましょう。指導者だけが声をかけるのではなく，子どもたちみんなで声かけしてもいいですね。「OK! You can do it!」と新たな表現に慣れ親しむ場にすることもできるでしょう。

　語彙だけではなく，「I like soccer.」のように文の形で行うこともできます。その場合は，「I like」は固定して使い，目的語の条件を変えていくといいでしょう。

活動のポイント

・言葉をリズムよく言うべし！
・間違った子どもを明るく励ますべし！

15 I can see bananas.
―これまでに学習した語彙や表現

人数	全員，ペア
準備物	児童用テキスト

> **ねらい**
> これまで慣れ親しんできた語彙の復習を行う。英語のやりとりを通してその語彙を聞きながら，テキストのどこにあるかを自分で探していく。

STEP 1 指導者から出題する

　「Do you have your text book?」と声を掛け，テキストを取り出すように促します。「I have my text book, too.」と言いながらページをパラパラとめくります。あるページでめくるのをやめ，そのページにあるものを英語で次のように伝えていきます。

　「I can see bananas.」
　「I can see apples, too.」
　「Can you find? Which page? Please tell me the page number.」
　子どもたちは指導者の英語を聞いて，「え，どうするの？」「bananas?」「あっ，どこにバナナがあるか探すんだね」など口々に言ったりします。このようにやり方を探っていく様子が見られればそのまま続けます。
　しかし，よく分からない様子であれば，「Please open to page 20.」などと伝え，子どもたちにそのページを開けさせ，「I can see bananas. I can see apples. I can see eggs.」と見えるものを英語で伝えます。

STEP 2　代表者が出題する

　「Any volunteer?」とクイズ出題者を募ります。

　「○○さん, come front, please.」と, 1人を指名します。全員に聞こえるように「Please say 'I can see ○○'.」と言い方を伝えます。全員に分かるように伝えるのは, 全員が出題するときの言い方を理解できるようにするためです。

STEP 3　ペアで出題し合う

　最後にペアで行わせます。ジャンケンをして, 勝った人から出題するように伝えます。ペアで行っている間は, 困っている子どもがいないかどうかを見回り, アドバイスします。場合により, 問題の言い方（I can see ～.）を練習してから始めさせてもいいですね。

活動のポイント

・正解した場合は「That's right.」と明るく英語で伝えるべし！
・不正解の場合は「No, sorry. But nice try!」とチャレンジを称賛すべし！

【参考】久埜百合・粕谷恭子・岩橋加代子（2008）『子どもと共に歩む英語教育』（ぼーぐなん）

~3年生~

音のキャッチ力がすごい！

絵本「In the Autumn Forest」の読み聞かせ中で

「えっ!? タロウ!? なんでタロウ？」

ある子どもが思わずつぶやいた瞬間，私は何のことかさっぱり分かりませんでした。

前時には『Let's Try1』のUnit 9で「Who are you?」を楽しんだので，この時間はさらに物語を楽しむことができればと，『Hi, friends! Story Books』にある絵本『In the Autumn Forest』を使用していました。まずは，私の読み聞かせで子どもたちとやりとりを楽しみながら読み進めました。物語の内容がおおまかに理解できたところで，デジタル教材の自動再生で，効果音や動物によって変わる声色を楽しみながら，絵本の世界に浸っていました。

その子どもが「タロウ？」とつぶやいたのは，「Yes, I am. I'm a turtle.」と聞こえた後だったのです。周りの子どもたちも，「ターロウ！」と笑い始めました。「あ～，そういうことか」とやっと気付いた私はデジタルの絵本を一時停止しました。こんなときこそ，「立ち止まって一緒に考える」チャンスです。私は子どもたちに尋ねました。

「タロウ？」

すると，

「タロウって聞こえるよ，先生」

「うん，聞こえた」

と，共感する子どもたち。ここで，絵本を戻し亀が登場する場面をみんなで聴きまし

た。こんなとき，子どもたちって息をひそめるように「し〜ん」とするんです。なぜなら，「本当にタロウって言っているのか聴きたい！」と切実に思っているからです。デジタルの音声が，「I'm a turtle.」と言った瞬間のみんなの興奮は忘れられません。それだけ，その子どもの「聴き方」に全員が「うん，確かにそう聞こえる」と共感したのです。しかし，子どもたちが素晴らしいのはそのあとです。

「でも，ちょっと違う」

この「ちょっと違う」にもみんなは無意識のうちに共感していたと思います。それは，子どもたちが発するのは日本語での「太郎」ではなく，「turtle」だったからです。つい私も面白くなり，はっきりした日本語で「太郎？　次郎？　三郎？」と言うと，子どもたちは「No! No! Turtle!」とムキになって声を出します。

このような，英語ならではの音への気付きを大事に取り上げていくと，次々と子どもたちの気付きが広がっていくようです。亀の次に登場する狸のraccoon dog が聞こえた途端，ある子どもが

「Rock'n' roll!」

とギターを弾く真似をしながら声を出したのです。これにも脱帽です。決して，ふざけているのではありません。英語らしい音を敏感にキャッチし，これまでの生活で理解してきた「持ち前の言葉」とつなげて考えたのです。

外国語活動の授業において，同じような反応が多く見られます。3年生だからこそ，聞こえてくる英語のリズムやイントネーションに，反射的に反応し体ごと表現してくれるのだと思います。このような子どもたちの素敵な姿を私たち指導者も敏感にキャッチし，「言葉って面白い！」「子どもたちってすごい！」と大いに楽しんでいきたいですね。

Chapter.2 4年生のミニ活動

16 どんな気持ちで言えばいい？
— How is the weather? / It's sunny.

人数	グループ
準備物	お天気カード（大）

ねらい

天気を尋ね合う英語表現に慣れ親しむ。単に「尋ねる」→「答える」だけでなく，同じ天気でもその日の目的により言うときの気持ちを考えながら答えることができるようにする。

STEP 1 「お題」を出す

指導者はお題として，「今日の行事は〇〇。外を見たら…」を伝えます。例えば運動会，遠足，マラソン大会などが考えられます。

また，「ずっと雨が降っていない。大事に育てているナスが心配。そのとき，外を見たら…」や「壁にペンキを塗ったばかり！ そのとき，外を見たら…」などのようなものもお題として考えられます。

STEP 2 親指ジャンケンをする

グループで親指ジャンケンを行います。合図を言った後，両手の親指だけを上げたり上げなかったりします。グループ全員で親指がいくつ上がっているかその合計数で天気が決まるようにします。

天気が題材の単元では，親指ジャンケンをする

ときの合図を「How is the weather?」という英語表現にします。グループで声を合わせて、「How is the weather?」と言い、それぞれ親指を1本あるいは2本とも立てたり、立てなかったりします。上がった親指の合計は、グループが3人であれば0～6のどれかになります。4人であれば、右上の図のように、黒板の絵カードに⓪から⑧の番号をつけておきます。例えば⓪と①は「sunny」、②と⑥は「rainy」、③と⑦は「cloudy」、④と⑧は「snowy」、⑤は「stormy」のようにします。

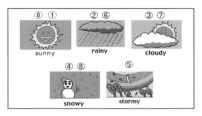

STEP 3 気持ちを込めて天気を言う

　数字が分かったところで、グループのみんなでその天気を声に出して言います。その際、指導者が提示したその日の行事を意識して、気持ちを込めて言うようにします。

　お題が「運動会の日の朝、外を見たら…」だとします。親指ジャンケンで「1」であれば、喜んで「It's sunny.」と言うでしょう。「2」であれば、「It's rainy.」と残念がって言う様子が見られるかと思います。同じ「It's rainy.」でも、お題が「ずっと雨が降っていない。大事に育てているナスが心配。そのとき、外を見たら…」だとすれば、喜んで言うでしょう。もしも「4」が出れば、驚いて「It's snowy?（えっ、まさか！）」みたいになるかもしれません。気持ちがこもっていたグループは全体で紹介し、やってもらうといいですね。

活動のポイント

・お題をしっかりつかませておくべし！
・気持ちがこもったグループを称賛すべし！

17 息ぴったり！　マッチングゲーム
―曜日を表す言葉

人数　ペア
準備物　曜日絵カード（1人につき，小カード7枚）

ねらい
好きな曜日を尋ねたり答えたりして伝え合うために，曜日の言い方に慣れ親しむ。自分の1週間の生活と結びつけながら，「〇曜日が好き。〇曜日は嫌い」と自分の思いを膨らませる活動につなぐ。

STEP 1　全体で曜日の言い方を確認する

黒板に，1週間の曜日を丸く書きます（写真）。

曜日の歌（下に示す）を子どもたちと一緒に歌います。指導者は一人一人の顔を見ながら，全員がしっかり声に出せているかを確認しながら歌いましょう。

> ♫「曜日の歌」
> 'Sunday, Monday, Tuesday, Wednesday, Thursday,
> Thursday, Friday, Saturday, Sunday comes again.'

子どもたちは Tuesday と Thursday の区別がつきにくく，特に Thursday が言いづらいことが多いようです。歌の後に2つの曜日を比較しながら練習するといいですね。

STEP 2 ペアでカードマッチングを楽しむ

「Put your cards on your desk.」と伝えながら，各自が持っている曜日カードを机の上に出させ，裏返しで置かせます。指導者は実物を持って，ジェスチャーで示しながら伝えるようにしましょう。

ＡＬＴがいれば一緒にペアでの活動の様子を下のようにして見せます。

> **＜デモンストレーション＞**
> 教師＆ＡＬＴ：Do ジャンケン！ Rock scissors paper, 1, 2, 3.
> 勝った人：（1枚カードをめくって）I like Tuesday.
> 負けた人：OK. I like …（と言いながら，自分のカードを1枚めくる）
> →（同じ曜日だったら）
> 　　Tuesday! Same! Me, too!（お互い顔を見合わせてにっこり！）
> →（違う曜日だったら）
> 　　Monday. Oh, no! Try again.

負けた人は，同じ曜日カードが出るまで繰り返します。2人が揃ったら，再度ジャンケンをして続けます。

「I like」を言わずに曜日の英語のみを言う子どももいます。少しずつ慣れてくる様子を見はからって，その子どもの側で「I like Monday.」など，声かけをしていきましょう。

活動のポイント

・ペアのやりとりに注目すべし！
・相手に配慮しながら話すペアを称賛すべし！

18 Let's Enjoy! 曜日リレー
―曜日を表す言葉

人数	全員，グループ
準備物	曜日カード（大）

ピッチャーとバッター，テニスのラリー，リレーのバトン渡しなどになぞらえ，楽しく体を動かしながら曜日を表す言葉（Sunday, Monday, Tuesday, Wednesday, Thursday, Friday, Saturday）の言い方に慣れ親しむ。

STEP 1 ピッチャー役とバッター役で同じ言葉を繰り返す

指導者がピッチャー役，子どもたちはバッター役になります。指導者は，

「I'm a pitcher. You are a batter. Please stand up! This is a ball. Are you ready?」

と言い，野球のピッチャーがボールを持って投げようとする格好を見せます。

「I say Sunday. Please say "Sunday" when you hit a ball.」

ＡＬＴと２人でピッチャー役とバッター役をやって見せてもいいですね。

ボールを投げるようにしながら「Sunday」と言い，子どもたちが「Sunday」と言ってボールを打つ真似をします。続けて「Monday」，「Tuesday」…と「Saturday」まで続けます。合間に，ストライク，ファール，ホームランなど言葉を返すと，子どもたちの声にも活気が出てきます。

STEP 2 テニスのラリーで言い続ける

次に，テニスバージョンで行います。指導者は「OK, let's play tennis.」と子どもたちに伝えます。「This is my racket.」とラケットを持ってサーブを打つような動きを見せます。

「Are you ready? I say "Sunday". You say "Monday". And I say "Tuesday". So, You say …?」

と子どもたちに問いかけます。交互に言いながらラリーを続けることが理解できたら始めます。2週間分の曜日を言い終えたところで止めると，子どもたちも全部の曜日を言うことができます。

STEP 3 グループでリレー

最後に，3〜4人のグループでバトンリレーのように曜日を言いながら交代して行きます。ジャンケンをして勝った人から「Sunday」と言い，消しゴムをバトンがわりに渡していきます。

速さを競うよりも，丁寧に言うことを大事にさせるために，1人が言い終えたところで消しゴムを渡すように伝えましょう。

活動のポイント

・速さではなく，丁寧に伝えることを大事にさせるべし！
・体を動かし楽しく繰り返すべし！

19 オリジナルチャンツをつくろう
―曜日を表す言葉

人数	全員
準備物	曜日絵カード（7枚），Let's Try 2 デジタル教材

ねらい

曜日を表す英語（Sunday, Monday, Tuesday, Wednesday, Thursday, Friday, Saturday）の言い方に慣れ親しむために，自分たちでオリジナルチャンツを考え，歌って楽しむ。

STEP 1 曜日チャンツを歌う

「Let's Try 2」Unit3 のデジタル教材にあるチャンツの前半部分（下参照）を歌います。

> Monday mushroom, Tuesday soup, Wednesday watermelon, Thursday circle pie, Friday fish, Saturday sandwich, Sunday salad

デジタル教材の映像を見たり，黒板にマッシュルームや，スープなどチャンツに出てくるものの絵カードを提示したりしながら，リズムにのって楽しく歌いましょう。もちろん，指導者自らリズムにのって楽しみましょう。

STEP 2 全体でチャンツを考え，声に出して楽しむ

月曜日の絵カードの下にあるマッシュルームの絵カードを取り外します。

「Monday, Mon …, Mon …」
と，途中で言うのを止め，続きの言葉を子どもたちに求めます。数人が，「mushroom」と言った場合，

「Yes, mushroom. But do you have any idea? No mushroom, mon …」
と伝えます。例えば，ある子どもが「monkey」と言うとします。指導者は，

「Monkey! Monday monkey! Good idea!」
とその考えを称賛します。そして，全体で一緒に「Monday, monkey!」と声に出します。

次に，火曜日の絵カードの下にあるスープの絵カードを取り外します。

「Tuesday, Tue …, Tue ….」
と，子どもたちの方を見て続く言葉を求めます。子どもたちは口々に思いついた言葉を言い始めるでしょう。「tue」と同じ発音から始まる言葉を言っている子どもを見つけます。「tulip!」「tube」などが聞こえてきたら，その言葉を拾い上げます。その後日曜日まで同じように続けます。これまでの実践では，それぞれ water, thunder, fried fish, sunny などのアイデアが出ました。

出来上がったら，オリジナルチャンツをみんなで繰り返し，楽しく歌いましょう。

活動のポイント

・はじめの音に注目させるべし！
・子どもたちオリジナルのアイデアを取り入れるべし！

20 つられちゃダメよ！
―文房具を表す言葉

人数	全員
準備物	文房具絵カード（大）

ねらい

持っているかどうか尋ね合うために，文房具名（pen, pencil, eraser, pencil case, pencil sharpener, magnet など）の言い方に慣れ親しむ。

STEP 1　絵カード（8〜10枚）を黒板に提示する

「What's this?」と尋ねながら，絵カードを黒板に貼っていきます。子どもたちは「pen」など，知っているものについては声に出してくれます。それを聞いてから「pen」と声を出します。子ども

たちが「ホッチキス」など普段使っている言葉を声に出す場合もあります。そのときは「Yes. This is a ホッチキス in Japanese. This is a stapler in English.」と伝え，再度「Stapler.」と声に出し，子どもたちに繰り返させます。片手でホッチキスの絵カードを指し示し，もう一方の手は子どもたちに向け呼び寄せるようなジェスチャーで声を出させるようにします。「言ってごらん」と言わなくても，先生の後に繰り返して声に出すようになります。1枚につき2回ずつ繰り返しながら，全カードを一通り声に出していきます。

STEP 2 時々異なる文房具名を言う

2巡目に，絵カードを指し示しながら順に声に出していきます。声に出していく途中に，絵とは異なる文房具の英語を言います。

例えば，「eraser」のところで「pencil」という風にです。その際は「pencil?」と語尾を上げて尋ねる感じで言うようにします。子どもたちは，「eraser!」と普通より声が大きくなります。「先生，違いますよ！ eraser ですよ！」と言う気持ちが伝わってくるような言い方になるのです。このようなやりとりを楽しみながら，文房具の言い方に慣れ親しませていきます。

STEP 3 時々，似ているけど少し違う言い方をする

STEP2の発展としての活動を紹介します。本当の文房具の英語の1音だけを変えながら声に出す方法です。例えば，次のような感じです。

「pen」→「ten」や「men」
「glue」→「blue」や「clue」，
　　　　「shlue」など，時に意味はないもの

このような言葉遊びを通して，子どもたちに英語の音への気付きを促すことができます。

活動のポイント

・チャンツのようにリズムにのせながら声に出すべし！
・違いに気付いた子どもたちを大いに称賛すべし！
・指導者自身が言葉遊びを楽しむべし！

【参考】久埜百合・粕谷恭子・岩橋加代子（2008）『子どもと共に歩む英語教育』（ぼーぐなん）

21 誰が持っているの？クイズ
―Do you have（文房具）?

人数 全員
準備物 文房具

ねらい

文房具について，実際に持っているかどうかを尋ね合うやりとりを繰り返しながら，文房具の英語での言い方と「Do you have（文房具）?」の英語表現に慣れ親しむ。

STEP 1　5人を前に呼ぶ

指導者は指で示しながら，
「I need 5 volunteers. Please help me.」
と子どもたちに伝えます。
「Come here, please.」
と，5人を黒板の前に呼びます。

STEP 2　文房具の言い方を確認する

指導者は，文房具を5種類，子どもたちに紹介しながら提示します。
「This is a pencil. This is an eraser. This is a stapler. This is a magnet. This is a glue.」
全員でどんな文房具があるか確認した後に，他の子どもたちに見えないように，前にいる5人に1つずつ文房具を渡します。

STEP 3　誰が何を持っているかを当てる

文房具をそれぞれ5人に渡し終わったところで，

「Ask friends 'Do you have a ～?'.」
と伝えましょう。

その後，1人に次のように英語で尋ねさせます。

「○○さん，Do you have a pencil?」

名前を呼ばれた1人は，「Yes, I do. I have a pencil.」あるいは「No, I don't. I don't have a pencil.」と答えるように伝えます。5人の持っている文房具が当てられるまで続けます。

STEP 4　文房具を複数持たせて行う（発展）

「Do you have a ～?」といつも「have a ～」ばかり使っていると，「アイハヴァ～」が口ぐせになってしまうことがあります。そこで，前にいる5人に文房具を複数持たせてクイズにする活動も取り入れます。

例えば，前にいる5人にそれぞれペンを複数本持たせます。その後，
「Please guess who has 3 pens?」
と問いかけるのです。そうすれば，

「○○さん，Do you have three pens?」「No, I have two pens.」
のようなやりとりができるでしょう。

活動のポイント

・言い方が分からなくて困っていても，黙って待つべし！
・子どもが互いに教え合った結果できたことをしっかり称賛すべし！

22 小文字ならべリレー
―アルファベット小文字

|人数| ペア，グループ
|準備物| 大文字表ワークシート，小文字カード（STEP1参照）

ねらい

　アルファベット大文字の横に，小文字カードを並べていく活動をペアやグループで協力しながら行うことで，小文字への関心を高めるようにする。

STEP 1　大文字表ワークシートと小文字カードを配付する

　「Make pairs. Put your desks together.」とジェスチャーを交えながら，隣同士でペアをつくり，机を合わせるように伝えます。2人組で活動しやすいように，机の向きは同じ方向のままで合わせるようにします。

　下の図のように，大文字を表にして印刷したものをペアに1枚配付します。大文字の横は空欄にしておき，小文字カードを置くことができるようにしておきます。大文字は4線の上に書かれたものがいいでしょう。

　ペアに1組の小文字カードを配ります。小文字カードも4線に書かれたものを印刷しておきます。1枚の大きさは，大文字表ワークシートの大文字の枠と同じ大きさに切って準備します。

A	B	C	D	E
F	G	H	I	J
K	L	M	N	O
P	Q	R	S	T
U	V	W	X	Y
Z				

STEP 2 小文字カードを置いていく

　ペアで交互に，小文字カードを当てはまる大文字の横に置いていきます。分からない場合は2人で尋ね合いながら進めてよいことにします。3～4人のグループでもできますが，机を合わせた向きによって，文字の向きが逆になりますので，ペアで慣れた後で行う方がよいでしょう。さらに，リレー形式で競争を楽しむこともできますね。

STEP 3 カードを置く条件を変えて行う

　小文字カードを置く順番の条件を変えて行います。例えば，
「1階建ての文字だけを置きましょう」
「2階建ての文字を置きましょう」
「地下1階建ての文字を置きましょう」
のように，小文字の高さに着目させて，指示を変えていくのです。これも，はじ

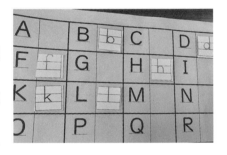

めは2人で協力し，話し合いながら行います。慣れてきたときに，1人でもできるようにすると「小文字が分かってきた！」「自分1人でできるようになった！」という満足感や達成感を味わわせることができるでしょう。

活動のポイント

・2人で相談しながら進めさせるべし！
・文字は4線の上に書いたものを使うべし！

Chapter.2　4年生のミニ活動　61

23 Don't say 'z'
―アルファベット小文字

人数	ペア，グループ
準備物	小文字カード（大）

ねらい

小文字「a」から「z」までを順に言うことができるようにする。そのために，2人組あるいは3～4人のグループでアルファベットを順に言うゲームを通して考えながら話す活動を行う。

STEP 1 代表の子どもと対戦する

代表者を1人，前に呼びます。
「Any volunteer?」
1人を選び，2人でジャンケンをします。
「OK. Do ジャンケン！ Rock, scissors, paper, 1, 2, 3.」
勝った人が先攻とします。

「I'm (You are) winner. I'm (You are) the first.」
もしも指導者がジャンケンで勝った場合は，「a, b, c」と言い，「Your turn.」と相手に手を差し出します。その時に，「最高3つまで続けて言っていいですよ。1つか，2つで止めてもいいですよ」と全体にも分かるように伝えます。指導者が後攻の場合は，先攻の子どもが言い始めるときに，最高3つまで続けて言えることを伝えましょう。合わせて，「最後に 'z' を言った方が負け」と勝敗の決め方も，ここで伝えます。

STEP 2　代表者2人が前で行う

代表者2人を募ります。

「2 volunteers?」

2人を指名し，全体に見えるよう前で対戦するように伝えます。2人の対戦をみんなで見守ります。代表者の対戦を見ながら，改めてやり方を確認できるようにするのです。

STEP 3　ペアやグループで楽しむ

最後に，各自2人組，あるいは3〜4人のグループで行うように指示します。

「OK. Let's enjoy this game with your partner (in a group).」

各ペア（グループ）の対戦を見て回ります。次の文字が言えずに

困っている子どもには，アルファベットが表示されているテキストのページを開けて，見ながら進めてもいいことをアドバイスします。

活動のポイント

・モデルを見せてやり方を理解させるべし！
・小文字カードを黒板に提示しておくべし！

Chapter.2　4年生のミニ活動

24 How many letters?
―アルファベット小文字

人数 ペア
準備物 絵カード（大），児童用テキスト

ねらい
アルファベットの小文字を学習した後で，児童用テキストや身の回りに書かれている小文字の言葉の中から，どの言葉のことかをクイズに出し合う活動を通して，小文字を理解できるようにする。

STEP 1 問題にする言葉を絵カードで提示する

クイズに出題する文字が書かれた絵カードを黒板に貼ります。単元の後半あるいはこれまでに学習した語彙を使って，たっぷりと慣れ親しんだ言葉を選ぶとよいでしょう。色やスポーツ，食べ物の名前など手持ちの小カードにあるものから始めます。慣れてくると，英語が書かれ

ている身の回りの日用品などを使って行うこともできるでしょう。

STEP 2 デモンストレーションを行う

次のように，指導者とＡＬＴ，あるいは代表の子どもでデモンストレーションを行います。

> 指導者：What's this word? Please guess.
> ＡＬＴ：How many letters?　　　　指導者：4 letters.
> ＡＬＴ：Do you have a 'k'?　　　指導者：Yes, I do. I have a 'k'.
> ＡＬＴ：Do you have a 'p'?　　　指導者：Yes, I do. I have a 'p'.
> ＡＬＴ：OK. It's 'pink'.　　　　　指導者：That's right. This is pink.

　答えが「green」の場合は，「e」が２つあります。そのような場合は，「Do you have an 'e'?」と尋ねられても，「I have two 'e's.」のようにやりとりできるよう全体での説明の際に伝えておくとよいでしょう。やり方が理解できたかどうかを確認して，次の活動に進みましょう。

STEP 3　ペアで楽しむ

　ペアで問題を出し合います。まずは，黒板に貼った絵カードの中から１つ選んでクイズにするようにします。ジャンケンをして勝った方が先に問題を出します。交代してさらに続けます。写真の子どもたちのように，ワークシートに書いた文房具の文字について尋ね合うこともでき

ます。どの文房具のことか，小文字の数やどの文字があるかを尋ね合うのです。他の単元でも，学習した語彙について同じような活動ができそうですね。

活動のポイント

・６～８の言葉の中からクイズを出させるべし！
・身の回りにある文字でも楽しませるべし！

25 欲しいものはどれクイズ
—What do you want? / I want 〜, please.

人数	全員
準備物	野菜・果物の絵カード（大・小）

ねらい
野菜サラダやフルーツパフェの材料を集める活動に向けて，欲しいカードは何かを尋ねたり，聞こえたものがかかれたカードを机に置いたりしながら，欲しいものを尋ね合う言い方に慣れ親しむ。

STEP 1 絵カード（小）5枚を選ぶ

指導者がつくりたいと思っている野菜サラダの材料を考え，5枚の絵カードを選ぶように伝えます。

例：I want to make salad tonight. This, this, this, this…, and this!
（野菜カードの中から5枚選ぶ）Please choose 5 vegetables cards.

「先生は，キュウリが苦手って言っていたから，きっとキューカンバーは選ばないよ」「先生はトマトが大好きだから，トマトは絶対入っているね」こんな言葉が聞こえてきそうです。

野菜サラダだけではなく，「I want to eat fruits parfait.」や「I want to eat a pizza.」「Let's make NABE.」など野菜や果物，その他の食材の絵カードでも同じようにできます。英語の言い方が分からないものでも，「こんにゃくは英語でどう言うのだろう？」と疑問が湧いたり，「デビルズタングって言うの⁉ 悪魔だって！」「こんにゃくいもがエレファントフット！象の足だ！」と驚いたり，言葉の面白さに触れるチャンスにもなりますね。

STEP 2 指導者と全体でやりとりする

子どもたちが5枚を選び終わったところで、次のように言います。

「Are you ready? Please ask me, 'What do you want?'.」

子どもたちの「What do you want?」をしっかり聞いてから、「I want tomatoes, please.」と答えます。トマトが聞こえると、子どもたちは大喜びしたり、がっかりしたりとそれぞれに反応を示します。そこで、カードを持っている子どもたちには次のように、聞いた後のやりとりの仕方を伝えます。

「Do you have the card? Please say 'Here you are.'」

と伝え、カードを机に置かせます。

カードを持っていなかった子どもたちに向けては、

「No tomatoes card? Please say 'No, sorry.'」

と伝え、一緒に声に出します。「No, sorry.」と言う姿を確認してから、次に進みます。

「Ask me, please. 'What do you want?'」

手持ちの5枚のカードが無くなれば終了とします。

右の写真は、先生が欲しい文房具をテーマにゲームを行ったときのものです。その単元で扱うものの絵カードを使えば、同じように楽しむことができます。好きな「スポーツベスト5」にすれば、「What sport do you like?」と言う表現でやりとりを楽しめます。

活動のポイント

・ゲームを進めながらやり方を示すべし!

・間をとりながら「I want 〜.」と答えるべし!

26 Which is bigger?
―What do you want? / I want ～.

人数	ペア
準備物	児童用テキスト巻末絵カード（小）

  ねらい

相手の持っているカードの中から，欲しいものを交換し合うゲーム中で，「What do you want? / I want ～. / Here you are. / Thank you.」の表現に慣れ親しむ。

STEP 1 カードに数字を書き入れる

これまでの学習で切り離した手持ちの児童用テキスト巻末絵カードの中から，1人10枚程度を選び，裏に数字を鉛筆で書き入れます。写真のように，指導者がテキスト内の絵などを「欲しいものカード」として印刷したものを配付し，裏に数字を書き入れさせてもよいでしょう。

数字を書き入れたら，絵のある方を表にして，自分の前に広げておきます。

STEP 2 ペアでカードをやりとりする

2人組でジャンケンをします。勝った人（A）が「What do you want?」と相手に英語で尋ねます。相手（B）は，勝った人の絵カードの中から欲し

いものを1つ選んで,「I want ～ (card).」と言います。(A)は(B)に「Here you are.」とそのカードを渡します。(B)は「Thank you.」と言ってカードを受け取ります。

次に,(A)と(B)が交代して同じようにカードのやりとりを行います。2人が1枚ずつカードをもらい合ったところで,「One, two, open.」とそれぞれが受け取ったカードを裏返します。数字が大きい方のカードを持っている人が相手のカードをゲットできます。数字が同じ場合は,それぞれに持っておきます。

STEP 3　どちらが勝ったか確認する

カードの交換が全て終わったところで,勝敗を確認します。カードの枚数が多い方が勝ちです。同じ数だった場合は,数字の合計点で多い方が勝ちとします。

例えば,下の図のような結果になっているとします。□で囲んだ方が数字が大きいので勝ちとなり,2人分のカードを獲得できます。獲得したカードの枚数で考えると(A)は9枚。(B)は11枚となり(B)が勝ちです。数字の合計点で「Which is bigger?」と考えさせてもよいですね。その場合は,(A)が合計56点,(B)が51点で(A)の勝ちとなります。

(A)　1　3　7　10　8　9　2　4　5　6
(B)　2　5　3　9　4　1　10　6　5　7

活動のポイント

・「Here you are. / Thank you.」をきちんと言わせるべし！
・相手が言い終えてからカードを渡すべし！

27 この次なあに？
―これまでに学習した語彙や表現

人数	全員
準備物	絵カード（大）

ねらい
指導者が発話する言葉の一部を聞いて，その続きが何かを考える活動を通して，これまで慣れ親しんできた言葉を復習する。

STEP 1　単語のはじめの一部だけ発音する

指導者は絵カードの1枚を裏返して持ちます。ここでは，イチゴ（strawberry）がかかれた絵カードを持っているものとします。この絵カードをチラッと見るように確認した後で，単語のはじめの一部の「st」を発音します。

何度か「st」と子どもたちに聞かせた後で，「What's this?」と持っている絵カードが何かを尋ねます。

STEP 2　子どもたちも一緒に声に出す

指導者は，「Let's say together.」と一緒に声を出すように伝えます。
指導者「st」→子どもたち「st」→指導者「st」→子ども「st」と，リズ

ムにのって2回ずつ交互に声に出しましょう。その後で、指導者は改めて「What's this?」と問いかけます。子どもたちの声を聞き、1つずつ確認します。

「Strawberry? Strong? Station? Stand up? Stop? Yes! Strawberry!」

最後に絵カードを子どもたちに見せます。

STEP 3　次の言葉について考える

「What's next?」と次の絵カードを確認します。1問目と同じように、指導者と子どもたちの交互に、「ba」をリズムにのってくり返していきます。何度かくり返した後で、「What's this?」と問いかけましょう。

用意する絵カードは、単元で扱うものにしたり、ジャンルを前もって伝えておいたり、と子どもたちの実態に応じて準備しましょう。簡単に分かる物や、いくつか候補があるものなど、織り交ぜてもいいですね。右に、出だしの音が同じ言葉を紹介します。

le	lemon, lettuce,
ba	banana, balloon
	basketball, bag, bat
s	snake, spaghetti,
	spoon, snack
ch	cherry, chocolate
ca	cap, cat, carrot,
	cabbage, Canada
po	potato, post
pa	panda, pants,
w	watermelon, wolf

活動のポイント

・英語ならではの音をしっかりつかませるべし！
・子どもの考えを1つずつ受け止め、称賛すべし！

Chapter.2　4年生のミニ活動

~4年生~
肌色って英語でどう言うの？

英語の言葉をきっかけに考える

　小学校の外国語活動は，単なる中学校外国語の前倒しではありません。英語という異質な言葉や異文化に出会ったとき，何に気付くかで「見方・考え方」が変わってくることがあります。例えば，虹に色をつけていたときのことです。「**肌色って英語でどう言うんですか？**」という質問がありました。英語で「肌色」とは言わないことから，色を通して様々なことを考える機会が生まれますね。

つながって発音するから面白い

　耳慣れないとよく分からない言葉に，人の名前があります。デジタル教材の動画からは，「I'm Robert.」と言う音声が聞こえています。子どもたちは「えっ，なんて言ってるの？」と困っていました。こんなときに教えることはしません。代わりに，「聞こえたとおりに書いてごらん」と伝えるようにしています。すると，太一（仮名）さんは「ラベト」と書いていました。音への感覚が鋭い４年生だからこその表現ですね。その方が外国の人には伝わるのですから，そう聞き取ったことをしっかりと褒めたいですね。

　今はカタカナ語があふれ，元の英語とはとてもかけ離れたカタカナ語があります。「ミシン」や「ラムネ」も本当は「（sewing) machine」，「lemonade」ですが，聞いた英語に近い言葉になっていますね。聞いた英語の音をそのまま日本語には書き表せない！　と気付く学びになります。

では，次のように子どもたちに聞こえた言葉はなんでしょう？
① 「消えろー」② 「アラキ」③ 「UFO」④ 「ちゃんぽん」⑤ 「パンツ」

答えは，① 「I like yellow.」，② 「I like …」，③ 「beautiful!」，④ 「清水 temple」，⑤ 「France」です。子どもたちは，日本語とは全く異なる英語ならではの音声を聴き取り，聞いたままを素直に真似しては「なんか面白い！」と楽しみながら外国語に触れています。

やりとりから生じる違和感から学ぶ

外国語活動の授業が始まったばかりの4月，「How are you? / I'm 〜.」の学習をしていたときのことです。ジェスチャークイズで私がブルブル震える仕草をしながら「I'm cold.」と伝えると，正紀さん（仮名）が

「えっ，違う！　なんで？」
とつぶやきました。私は正紀さんがどうして驚いているのかが分からずに，
「どうしてそう思ったの？」
と訊き返しました。すると正紀さんは次のように説明してくれました。

「コンビニにあるコーヒーって'ホット'と'アイス'があるでしょ。体の温かさとかを表すときはどうして別の英語なんだろう？」

正紀さんは，聞いたことがあるアイスではないのはなぜだろうと思ったのですね。意外な言葉だったことに思わず立ち止まって考えたのでしょう。すると早希さん（仮名）が「たしかに…」と共感しています。

このように，「誰かの疑問に一緒に立ち止まって考える」場を，他の教科等の学びと同様に，外国語活動でも大事にしていきたいと思っています。こうやって学級全体で考え合ったときの「I'm cold.」は，しっかりと頭に刻まれ，納得して使う言葉となっていくようです。

Chapter.3　5年生のミニ活動

28 これって英語でどう言うの？
―新語句の導入

人数	全員，ペア
準備物	新しく学習する語彙の絵カード（大）

ねらい
単元のはじめに出会う語句に慣れ親しませる。「これは何ですか？」と実際のコミュニケーションの中で尋ねたり答えたりする。

STEP 1　指導者から尋ねる

その単元で新たな語彙に出会わせるときの活動です。絵カードを黒板に提示します。絵カードの上に数字を書きながら，子どもたちと一緒に

「one, two, three, four, …」

と数えていきます。その後指導者が，

「What's the number 6?」

のように子どもたちに英語で尋ねます。

はじめに指導者が尋ねる絵カードは，子どもたちが答えられそうなものを選びます。数人の子どもが声に出し答えれば，

「Yes, that's right. It's 〜.」

と伝えます。同じように2〜3枚ほど続けて尋ねましょう。

STEP 2 子どもが指導者に尋ねる

「Please ask me.」と伝え，学級全体で子どもたちに尋ねさせます。ここでは，子どもたちの方から，「What's the number 5?」と指導者に英語で尋ねるように促します。尋ねられたら，「It's fire fighter.」のように英語で答えます。「What's next? Please ask me again.」と，次に分からないものを同じように尋ねさせましょう。

STEP 3 子どもたち同士で尋ね合う

最後に，2人組で活動させます。まず，ジャンケンをします。勝った方が「What's the number 3?」と相手に尋ねるように伝えます。ジャンケンで負けた方は，「It's 〜.」と答えます。分からない場合は，もう1人が教えてよいことにします。2人とも分からない場合は，「Teacher, help!」と指導者を呼び，2人で「What's the number 3?」と尋ねるように伝えます。

指導者から教えてもらった後は，「Thank you.」と言うように促します。指導者も「You are welcome.」と笑顔で言いましょう。分からないときは，いつでも尋ねていいと伝えることが大事です。

活動のポイント

・「分からないときはいつでも尋ねていい」という安心感を伝えるべし！
・「Teacher, help!」と呼ばれたら，笑顔で喜んで駆けつけるべし！

29 Don't say 21/31st
—Birthday

人数	ペア
準備物	1から21（もしくは31）までの数字カード（大）

ねらい

どこまで続けて言うか自分で考えながら数字を伝える活動を通して，1から21，あるいは1から31までの日にちを表す英語に慣れ親しませる。

STEP 1 数字の言い方を練習する

黒板に1から21までの数字カードを貼ります。「One, Two,…」と英語で声に出しながら行うと，子どもたちも自然に声に出してきたりします。その際は，「Nice! Let's count together.」と喜び，一緒に声に出

していきましょう。その後，指導者と子どもたちで1つ交代，2つ跳び，3つ跳びなどしながら数字を交互に言っていきます。

STEP 2 代表者1人と対戦する

「Any volunteer?」と声をかけ，代表者1人を教室の前に呼び，ジャンケンをして先攻後攻を決めます。

次に，全体にもしっかり聞こえるように注意しながら，代表者に次のように英語で伝えます（代表者が先攻の場合）。

「You are the first. You can say 1 or 1, 2 or 1, 2, 3. Don't say 21.」

①最高３つまで連続して言えること，②最後に「21」を言った方が負けになることを全員にも分かるように確認し，２人で対戦を始めます。この２人の対戦を見て，「やってみたい！」と希望する子どもが出てくるでしょう。ゲームのやり方を全体で確認するためにも，前で対戦させるといいですね。なお，学級活動や休み時間などを使って，前もって日本語の数字で同じ遊びをしておくとスムーズに活動に入れます。

STEP 3　ペアで対戦する

全員が方法を理解したところで，ペアの活動に移ります。

「Now, let's play with your pairs. Do ジャンケン first.」

指導者は，ペアで行う様子を見回ります。特に，11や12，15などの言い方ができずに困っている子どもたちに助言していきます。

同じような手順で，誕生日を伝え合う活動に入る前の「日にち」の言い方を慣れ親しませるために，「Don't say 31st.」と発展的な活動を行うこともできます。

活動のポイント

・前もって日本語の数字で遊んでおくべし！
・数字カードを提示しておくべし！

30 教科ラッキーゲーム
―What do you have on Monday?

人数	全員，ペア
準備物	教科カード（大・小）

ねらい

ラッキーカードゲームを通して，手持ちの教科カードの中から選んだ時間割が，指導者が選んだものと同じかどうか繰り返し尋ねたり聞いたりすることで，時間割について尋ね合う英語表現に慣れ親しむ。

STEP 1 教科名の英語の言い方を確認する

黒板に教科の絵カードを提示します。1枚ごとに指し示しながら，教科名の英語の言い方を確認していきます。

指導者の後に子どもたちに繰り返させるといいでしょう。一通り言い終えた後は，「What's this?」と尋ね，子どもたちが言えるかどうかを確認しましょう。

STEP 2 5枚の教科カードを選ぶ

指導者が言う教科を予想し手持ちのカードから5枚を選びます。次に，
「Please ask me, what do you have on Monday?」
と言い，子どもたちに繰り返させます。

子どもたちが

「What do you have on Monday?」と言った後に，次のように言います。

「On Monday, I have English, math, music, P.E. and Japanese.」

子どもたちは，指導者が言ったカードを持っていれば，机に置きます。

選んだ5枚のカードのうち，3枚同じであれば，3ポイント獲得とします。

STEP 3 ペアで楽しむ

次に2人組で活動します。5枚を自由に選ばせ，火曜日の時間割から尋ねます。

「Choose 5 cards for Tuesday. Are you ready? Ask each other, what do you have on Tuesday?」

2人の時間割が5枚のうち，マッチしたカードの枚数1枚につき1ポイント獲得させていきます。獲得したポイントは，2人のポイントになります。

終わりの時間が来たところで，「How many points did you get?」と伝え，one から英語で数えさせ，順に挙手させます。一番ポイントが多かったペアをラッキーペアとして称えましょう。

活動のポイント

・「〇〇, 〇〇, and 〇〇」のように最後だけ「and」をつけて言うべし！
・聞き逃したら「One more time, please?」と尋ねさせるべし！

Chapter.3　5年生のミニ活動　79

夢の時間割！
―I study P.E. with Ichiro!

人数	ペア，グループ
準備物	教科・有名人・動物カード（小）

　単元の終わり，教科を表す英語に慣れ親しんだ後に，「夢の時間割」として発表し合う前に，カードマッチングゲームで，「I study（教科）with（有名人）.」の英語表現に慣れ親しむ。

STEP 1　教科カード（小）を１枚めくる

　ペアあるいはグループに教科カードの束と有名人・動物カードの束を配布します。２つの束はそれぞれ異なる色の紙に印刷しておきます。

　ジャンケンでカードをめくる順番を決めます。１番勝った人から時計回りの順にすると活動がスムーズに進みます。

　１番の人が真ん中に伏せた教科カードの山から１枚を引いて絵を表にして置き，「I study 〜.」と声に出すようにします。

STEP 2　有名人・動物カード（小）を１枚めくる

　１番の人は，続けて色違いの有名人・動物カードの山から１枚を取ります。絵を表にして教科カードの横に置きます。そして，

　「I study（教科）with（有名人）.」と声に出して言います。その後，みんなで「We study（教科）with（有名人）.」と声に出します。教科と有名人の組

み合わせによって，子どもたちは驚いたり，喜んだりするでしょう。有名人だけでなく，動物カードも加えておくと，「I study music with a bird.」のような組み合わせも楽しめます。

スポーツ選手などの写真を色画用紙に貼ります

次の順番の人が同じように続けていきます。1枚カードを引くごとに，自分の前に，2枚を並べて置いていきます。終わる時間を設定しておき，その時間がきたら知らせます。

STEP 3 「オススメの授業」を紹介し合う

全体で「オススメの授業」を紹介し合います。「これはやってみたい！」というオススメのものを伝え合います。

例えば，

「I study P.E. with Ichiro.」

などです。それを聞いた周りのみんなは，

「That's nice!」

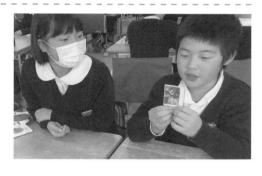

などの言葉を送るように伝えましょう。単なる発表ではなく，やりとりの楽しさや心地よさを味わわせたいですね。

活動のポイント

・偶然の組み合わせを楽しませるべし！
・言葉で反応することを大事にすべし！

32 時間順にならべ！
―What time do you ～? / I get up at ～.

人数	全員，グループ
準備物	1日の動作を表す絵カード

ねらい

1日の生活（get up, do my homework, take a bath, go to bed など）について，何時にするかを尋ね合い，早い順に並ぶ活動を通して，「I get up at ○：○○．」「How about you?」の言い方に慣れ親しむ。

STEP 1 前でモデルを示す

「I need 4 volunteers.」と4人の子どもたちを前に呼びます。4人に「What time do you get up?」と尋ねます。すぐに答えられず困っているときは，「I get up at 5:30. How about you?」と伝えます。

4人の話を聞いて，起きる時間が早い順に並ばせます。このときも，

「You get up at 6:00. So, you are the first.

You（別の子ども）get up at 6:30. You are the second.

Then,（もう1人に）You are the third.」

のように，英語で声をかけ，他の子どもたちにもどうすればよいかが理解できるようにしましょう。「Thank you.」と4人に声掛けしたら，全体に「Do you understand?」と尋ねます。「Yes!」や「早い順に並ぶんですね」などの声が聞こえてくれば安心ですね。

STEP 2 グループで楽しむ

次にグループでの活動に入ります。

「OK! I'll ask you. What time do you go to bed? Please ask each other.」

と伝えます。グループごとに，寝た時間を互いに英語で尋ね合い，時間が早い順に並びます。並び終わったところから，

「Your team is the first. Sit down.」

のように，できた順番を知らせ，終わったところから座るように伝えます。

STEP 3 早い順にきちんと並んでいるか確認し合う

全グループが終わったところで，1グループの4人に立ってもらいます。早い順になっているか，全員で

「What time do you get up?」

と1人ずつ時間を尋ねながら確認していきます。確認ができたところで，

「All right! Good job.」

とできたことを一緒に喜びます。時間があれば，

「Next question. What time do you take a bath? Ready go!」

のように伝え，再度グループでの活動を続けさせましょう。

活動のポイント

・慌てさせず，丁寧に尋ね合わせるべし！
・互いに尋ね合い，驚いたことや気付いたことを振り返らせるべし！

33 ○○先生はどれ？
―Always? Usually? Sometimes? Never?

人数	全員
準備物	頻度を表す絵カード（大），動画（STEP1参照）

学校の先生方のインタビュー動画を視聴する中で，予想が合っているかを確認する活動を通して，always, usually, sometimes, never の意味の違いを理解する。

STEP 1 インタビュー動画を撮影する（事前）

事前に4人の先生に1日の生活についてインタビューした動画を撮影しておきます。例えば，犬が好きな校長先生には次のようなやりとりを行います。

指導者	: Do you like dogs?
校長先生	: Yes, I do. This is my dog 'Lucky'.
指導者	: Oh! So cute. Do you walk your dog?
校長先生	: Yes I do. I walk my dog in the morning. ★
指導者	: That's nice. Always? Usually? Sometimes?
校長先生	: Always.

他にも「usually」，「sometimes」，「never」を使った表現によるやりとりがあるものを用意します。

他に尋ねる内容としては，料理，ジョギング，紅茶を飲むなど学校では分からないその先生の日頃の姿が現れるものがいいでしょう。

STEP 2 予想を立てる

　例えば，その日は校長先生のインタビューを視聴するとします。インタビューの途中，★の部分で動画を一旦止めます。そして，次のように問いかけます。

　「校長先生 walks his dog. Always? Usually? Sometimes? Never?」

　1つずつ確かめるように手を挙げさせます。その際，頻度が分かるイラストも一緒に指し示しながら，「Always?」などと声を出すようにしましょう。

STEP 3 インタビュー動画を視聴して確かめる

　子どもたちが，どれか予想を立てたことを確認したところで，再び動画を再生します。子どもたちは，予想が当たるかどうかじっと耳を澄ましながら視聴するでしょう。気になる言葉（always, usually, sometimes, never のどれか）が聞こえると，大きく喜んだり，残念がったりするでしょう。そこで，「Sometimes?（子：No!）Usually?（子：No!）Always?（子：Yes!）」とやりとりして正解を確認していきます。正解となるものは最後に言うと何度もやりとりができますね。

活動のポイント

・子どもたちに身近な先生方にインタビューすべし！
・頻度が分かるイラストを示しながら問いかけるべし！

34 どの場面でしょう？クイズ
—I can't 〜.

人数	全員，ペア
準備物	場面が分かるイラスト

ねらい
　同じ「I can't 〜.」と言う表現でも，指導者が設定する場面のどれかを考えて当てるゲームを通して，「I can't forget.」，「I can't wait.」，「I can't believe.」，「I can't give up.」などの英語表現に慣れ親しむ。

STEP 1　場面に合う英語表現を知る

　指導者は，ある３つの場面をイラストや言葉で表し，黒板に提示します。例えば，「I can't wait.」が聞こえてきそうな場面を設定するならば，次のようなものが考えられます。

① もう２時間もアトラクションの前に並んでいる！
② おじいちゃんからのプレゼントが届く予定！
③ お腹が空いてたまらないのに，まだ食べられない！

STEP 2　①〜③のどの場面で言っているのかを当てる

「Please, guess.」と子どもたちに伝えます。カメラで撮影が始まる前のように「3, 2, 1, Action!」と言ってから，①〜③のどれか1つの場面に合うように，「I can't wait.」と言います。そこで，子どもたちに「Which number?」と問いかけ，どの場面かを当てさせます。

STEP 3　ペアでクイズを楽しむ

ペアでジャンケンをします。勝った人が，①〜③のどれかを1つ選び，負けた人に「Number 2, please.」と言います。ジャンケンに負けた人は，②の場面に合うように「I can't wait.」と言います。その言い方が，場面にふさわしいと思えば，相手は「Okay! Nice Action!」と伝

えます。新たにジャンケンをして，同じように続けていきます。また，「I can't wait.」が使えそうな他の場面はないかを考えさせ，紹介し合うのもいいですね。その場面を想像しながら全員で「I can't wait!」と声に出して楽しむこともできそうです。

他に，「I can't believe!」や「I can't give up!」，「I can't forget!」，「I can't stop!」など，日頃日本語でも使っているようなものの英語表現を扱うこともできます。

活動のポイント

・同じ言葉でも言い方が違うことを体感させるべし！
・なりきって話す姿を称賛すべし！

35 She & He & I
—She can 〜. He can 〜. I can 〜.

人数	グループ
準備物	有名人カード（小）

ねらい

スポーツや将棋，料理など得意なものが分かる有名人のカードをめくりながら，She や He を使って，できることを紹介することができるようにする。

STEP 1 　有名人カードをめくって紹介する

グループに有名人カードを配付します。1グループに30枚ほどのカードを重ね，裏返してグループの中央に置きます。

ジャンケンをします。勝った人を1番目に時計回りの順番にします。まず，1番目の人がカードを引きます。カードの写真（イラスト）を他のメンバーに紹介しながら次のように話します。

「This is 石川佳純. She can play table tennis very well.」

有名人カードには，プロスポーツ選手以外にも，歌手，有名シェフ，将棋棋士，オリンピック選手，音楽家，アニメのキャラクターなどを準備しておきます。学習の中で扱った play soccer, play the piano, cook, play shogi, do judo, jump high, fly などが使えるようにカードを準備するといいですね。

STEP 2 自分はできるかどうか付け加える

有名人のことを紹介した後に続けて，自分はできるかどうかを付け加えて言います。STEP 1で示した石川佳純選手のことを紹介した後では，

「I can play table tennis.」あるいは，「I can't play table tennis.」という具合です。

STEP 3 他のメンバーが言葉をかける

1人が言い終わると，他のメンバーは声をかけるようにします。例えば，

「This is Fujii Sota. He can play Shogi. I can play Shogi, too.」

と言った後であれば，

「Me, too.」

になります。あるいは，

「This is Draemon. He can fly. I can't fly.」

であれば，他のメンバーは，

「Me, neither.」

と声をかけるようにします。

活動のポイント

・She と He を区別できているか確認すべし！
・返しの言葉をかけているか見守るべし！

36 Me too, Me neither ゲーム
―I can 〜. / Me, too. / I can't 〜. / Me, neither.

人数	全員
準備物	楽器演奏やスポーツなどの動作を表す絵カード（小）

ねらい

できるかできないかを聞き，同じようにできる場合と同じようにできない場合のどれかを考えて返事を返しながらカードゲームを楽しむことで，「Me, too. / Me, neither.」の表現に慣れ親しむ。

STEP 1 「Me, too」ゲームを楽しむ

まず，子どもたちに手持ちの動作カードの中から，自分ができるものを1枚選んで，手に持たせます。

次に，指導者は動作カードの中から無造作に3枚を選んで持ちます。

指導者は3枚の中から1枚ずつ選び，
「I can play the piano.」と言います。子ど
もたちは，その絵カードを持っていれば「Me, too.」と言ってその絵カードを下に置くことができます。

STEP 2 「Me, neither」ゲームを楽しむ

子どもたちに「これはできないなあ」と思う絵カードを1枚選ばせます。

指導者は無造作に3枚を選んで,「あ〜,これはできない!」という表情で
「I can't ride a unicycle.」と伝えます。この場合,子どもたちには,「Me, neither.」と声に出すように伝えます。

STEP 3 カード交換ゲームを楽しむ

手持ちのカード全てを裏返し,その中から1枚だけ選び自由に動き回りながら,やりとりを行う相手を探します。相手を見つけたら,まずジャンケンをして勝った人が先に話し始めます。自分が持っている絵カードを見て,それができる場合は,「I can play soccer.」それができない場合は,「I can't play soccer.」と言います。それを聞いた相手は,相手と同じくできる場合は「Me, too.」と言い,相手と同じくできない場合は「Me, neither.」といいます。相手ができて自分はできない場合は「That's nice.」,相手ができなくて自分はできる場合は,「Don't worry.」や「No problem.」などの言葉を返すようにします。やりとりが終われば,絵カードを交換します。最後に持っていたカードがラッキーカードであれば,今日のラッキーパーソンになります。

活動のポイント

・やりとりをモデルで示してから始めるべし!
・本当に自分ができること/できないことでやりとりさせるべし!

37 国旗3ヒントクイズ
―What country is this?

人数	全員，ペア
準備物	国旗絵カード（大・小）

ねらい

これまでに学習した色，数，形などをヒントに，どの国旗のことかを聞いて考える中で，「What country is this? / It's 〜.」の英語表現や国の言い方に慣れ親しむ。

STEP 1 国名を確認する

10枚ほどの国旗絵カードを黒板に提示します。指導者→子どもたちの順に国名を声に出していきます。

手拍子などでリズムを取りながら，声に出します。日本語の言い方の後に英語で言うようにします。それぞれの言い方の違いに気付かせるためです。日本語では，1文字ずつ音を切りながら言うのに対して，英語の場合は強弱をつけて言う，など発音の違いが明確になります。

例えば，下のように●のところで拍を打ちます。

●	●	●	●	●	●	●	●
アメ	リカ	America	（なし）	ドイ	ツ	Germany	（なし）

92

STEP 2 全体で3ヒントクイズを楽しむ

子どもたちに,「Please answer my three hints quiz.」と伝え, クイズを始めます。黒板にある絵カードを見ながら, まず1つ目のヒントに,「Hint one, two colors.」と, 何色あるかを伝えます。2つ目のヒントには,「Hint two, red and white.」とその色を伝えます。3つ目には,「Hint three, four stars.」と国旗にあるものを言い, 最後に「What country is this?」と尋ねます。

次に, 代表者に3ヒントクイズを出させます。「Any challenger?」と問いかけ, 代表の1人を選び, 前に呼びます。指導者は代表者に,「Hint one, please. How many colors?」と英語で質問します。同じように, ヒント2以降も「Hint two. What color?」,「Hint three, What shapes or marks?」と尋ね, 代表者がクイズを出しやすいようにします。

STEP 3 2人組で楽しむ

ペアで国旗クイズを楽しませます。2人で始める前に, 3ヒントにはどんなものを出せばいいか, 全体で確認しましょう。その後は子どもたちの様子を見て回りながら, 質問に答えたり手助けをしたりしましょう。

活動のポイント

・日本語と英語のアクセントの違いを意識させるべし!
・同じ色使いの国旗で, どちらか迷う面白さを楽しませるべし!

38 Simon says
―道案内の表現

人数	全員
準備物	なし

ねらい
指導者の指示を聞いて体を動かすゲームを楽しみながら，道案内をする際に使用する英語表現に慣れ親しませる。

STEP 1 動きや方向を表す表現を聞いて動く

　指導者が示す通りに動くように伝えます。指導者が言った後には，同じように真似て英語で言ってから動くようにします。例えば指導者が，
　「Turn right.」
と言えば，子どもたちも，
　「Turn right.」
と言ってから体を右に向けます。「Go straight.」が聞こえた場合は，同じように言った後，その場で足踏みするようにします。動きや方向を示す表現を一通り言っては繰り返させ，体の動きとともに理解できるようにします。上の写真のように，リズムに合わせ手拍子を打ちながら，指導者が「Turn left.」と言った後に，子どもたちも手拍子を打って「Turn left.」と手で方向を示していくのも楽しいです。

STEP 2 「Simon says」のときだけ動く

「Simon says」と言った後にだけ，指示通り動くように子どもたちに説明します。具体的には，次の通りです。

指導者：Turn right.
子ども：（動かない）
指導者：Simon says 'Turn left'.
子ども：Turn left.（左を向く）

指導者は，子どもたちの様子を見ながら，しばらく指示を続けます。時々，「Simon says」とは言わずに指示を出します。子どもたちは，注意深く聞いていないと，思わず動いてしまいます。間違ったとしても，指導者は笑顔で「That's OK! Try again!」と声を掛けましょう。

「誰だって，間違えてしまうこともあるよね」と，間違ってしまった子どもも温かく受け入れられ，安心してゲームに参加できるようにしたいですね。

活動のポイント

・はじめはゆっくり，少しずつスピードを上げるべし！
・指導者も一緒に動き，たまにフェイントをかけて楽しむべし！

39 ジョーカーを探せ！
―道案内の表現

人数	全員
準備物	トランプ（1～13，ジョーカー）

ねらい

道案内や宝探しをするために使用する英語表現（stop, turn right, turn left, go straight for 2 blocks, keep going, You can see it on your left/right.）の言い方に慣れ親しむ。

STEP 1　14枚のトランプを机に置く

教室を町に見立てます。指導者は，
「Start here.」
とスタートする場所に立って，

「Go straight 2 blocks.」
と自分で言いながら進み，止まったところで子どもの机の上にトランプを1枚裏返しで置きます。
「Keep going. Stop. Turn right.」
など言いつづけながら次々にトランプ14枚（1から13までとジョーカー）を裏返しにしたまま，子どもたちの机の上に置いていきます。子どもたちには指導者の言い方を聞きながら道案内の英語表現を想起させます。全部置き終わったら，
「Let's find a joker. Any volunteers? I need 2 volunteers.」
と言い，2人の代表者を募り，前に呼びます。

STEP 2 代表者1人がもう1人を道案内する

　代表者2人を案内役と探し役に分けます。案内役に英語で道案内をさせます。探し役は，相手の案内を聞きながら机の間を動いていきます。指導者は，2人のやりとりを聞きながら，困っているときには「Go straight for …?」，「You can see it on your …?」など途中まで英語で伝え，後の続きを言えるように促します。その場で聞きながら，その表現を使っていくことができるようにするのです。これは他の子どもたちにとっても，聞いたり見たりしながら，道案内の英語表現に聞き慣れる場となります。

　案内役の子どもは，ジョーカーがあると思うところで探し役を止めます。

　「You can see it on your right. Open the card.」

と言い，そのカードがジョーカーかどうかを確かめさせます。

STEP 3 ジョーカーが出るまで代表者を交代しながら続ける

　ジョーカーが出るまで，代表者を交代しながら2人組に道案内を繰り返しさせていきます。2人の道案内を聞きながら，他の子どもたちも「You can see it on your どっち？」など2人にアドバイスしたりする姿も見られることでしょう。2人がジョーカーを探しているのですが，一緒に探しているような感じで全員が聞いて，見て，頭の中で英語の言い方を考えているのです。

活動のポイント

・その場その場で案内の英語を伝えるべし！
・みんなで英語表現を教え合う姿を称賛すべし！

Chapter.3　5年生のミニ活動　97

40 こんなのいやだ〜！
—文房具や日用品，場所を表す語彙

- **人数** ペア
- **準備物** 生き物・場所を示す絵カード（大・小）各10〜15枚

ねらい
生き物と場所を表す絵カードの妙な組み合わせを楽しみながら，語彙（in, on, under, by）の違いを区別することができるようにする。

STEP 1 絵カード2種類を配付する

ペアをつくらせ，生き物の絵カードと場所を示す絵カードのセットを1組ずつ配付します。用意するカードは，次のようなものにします。

> ○**生き物の絵カード**
> alligator（ワニ），bat（コウモリ），snake（へび），snail（カタツムリ），seal（アザラシ），spider（クモ），frog（カエル），caterpillar（毛虫），octopus（タコ），globefish（フグ），その他　ghost（お化け）　など
>
> ○**場所の絵カード**
> in the pocket, on the textbook, by the chair, under the desk, on the pencil case, by the box, in a zoo　など

2人で生き物の名前の確認をさせます。分からないときは「Teacher, help!」と手を挙げさせ，「How do you say 〜 in English?」と尋ねさせ，全体で声に出していきます。その後，場所を示す絵カードについても同じように言い方を確認させます。

STEP 2　全体でやり方を確認する

やり方を理解させるために，大きい絵カードを使用し，黒板上でやって見せます。ＡＬＴ（あるいは代表の子ども）と２人で行います。進め方は次の通りです。

①ジャンケンをして勝った方が生き物の絵カードを１枚めくり，その生き物を英語で言う。
②ジャンケンで負けた方が場所の絵カードを１枚めくり，そこに描かれているものを見て声に出す。
③２枚出たところで，２人で声に出す。
　例：「A tiger in my pocket! Oh, no!」
　　　「A snake in my pencil case! Wow!」

STEP 3　ペアで楽しむ

「OK! Let's start. Rock, scissors, paper, 1, 2, 3!」と告げ，カードめくりを始めさせます。ペアの様子を見回りながら，子どもたちの「A frog in my pencil case! Oh, no!」など声を拾いながら復唱したり，助言や称賛の言葉をかけたりしていきます。

終わりに，どんな組み合わせができたか全体で紹介し合う場をもつと，妙な組み合わせを一緒に楽しむことができます。

活動のポイント

・子どもたちの声を復唱しながら妙な組み合わせを一緒に楽しむべし！
・動物園や野原のような，有り得る場所も入れておくべし！

【参考】金森強（2004）『ハリー博士のえいご聞き取り特訓教室』（アルク）

41 ○○を探せ！
—各教室の語彙・道案内の表現

人数	全員
準備物	各教室の絵カード（大）

ねらい

探し物がどの教室にあるかを考え探し出す活動を通して，各教室の名前や道案内するときの言い方（go straight, turn right, turn left, stop）に慣れ親しむ。

STEP 1 黒板に教室絵カードを貼る

黒板に各教室の絵カード（大）を提示しておきます。並べ方は，校内見取り図のように，カードの間に隙間を空けて廊下に見立てます。入り口が分かるようにマークなどを書き，案内をスタートする場所を示します。

STEP 2 指導者と代表の子どもで行う

「Face down, please.」とジェスチャーを付けて言い，子どもたちに黒板を見ないように伝えます。どれか1つの絵カードの裏に，探し物の絵をかき込みます。ある人物の写真や宝物のイラストなどを事前に印刷したカードを貼り付けて使うこともできます。

「Face up, please.」と顔を上げさせ，「Where is a diamond? Please find out.」と言って，どの教室にダイヤモンドがあるかを当てさせます。宝探しのようで，子どもたちもワクワクしながら喜んで考え始めます。先生の似顔絵

をかいて，「Where is ○○先生？」と先生がどの教室にいるかを探させてもいいですね。

「Any volunteer?」と代表者を募り，1人を指名します。「△△さん，Please tell me the way to the diamond.」と言い，黒板の見取り図の入り口にマスコット人形を立たせるようにして持ちます。代表者の言う案内に従って，マスコット人形を動かしていきます。指示された教室に止まったら，絵カードをめくり，探し物があるかを確認します。探し物が見つかるまで，ほかの代表者とやりとりを続けます。

STEP 3　子ども同士で案内する

「2 volunteers?」と二人の代表者を募ります。1人にマスコット人形を渡します。もう1人に「Tell him the way to the treasure, please.」と道案内するように伝えます。代表者2人のやりとりは，黒板の前と自分の席とで離れて行わ

せます。他の子どもたちも2人のやりとりにしっかり注目し，一緒になって聞いて考えることができます。

活動のポイント

・マスコットや矢印を使い，向きを明確に表現させるべし！
・道案内する子どもは自分の席から伝えるべし！

42 Go Fish ゲーム
—What would you like? / I'd like 〜.

人数	グループ
準備物	各グループに，同じ絵の食べ物カード２枚ずつを25組程度

ねらい

グループで欲しい食べ物カードをやりとりするゲームを通して，「ご注文は何になさいますか？」という丁寧な注文の尋ね方と答え方に慣れ親しむことができるようにする。

STEP 1 （ゲームの前に）全体でやり方を示す

初めて Go Fish ゲームを行う場合は，まず全体でやり方を確認します。指導者はジェスチャーとともに「Make a group of 4. Put your desks together.」と伝え，机を合わせさせます。「Come here, please.」と１つのグループに全員を呼びます。全員が見えるところに来ていることを確認し，１つのグループでやり方を示します。

集まった場所のグループの４人と以下の順で活動を進めながら，子どもたちがやり方を理解できるようにします。

①カードを裏返し，１人に５枚ずつ配る。
②残りを裏返したまま中央に山にしておく。
③ジャンケンで１番を決め，時計回りで進めることを伝える。
④１番の人にみんなで「What would you like?」と尋ねさせる。
　（ここで，他の全員にも一緒に声を出させ，言い方を確認する。）

⑤1番の人は，1人を指名して，「○○さん」と名前を呼ぶ。
⑥続けて，「I'd like sandwich, please.」と欲しい絵カードについて尋ねる。
　手持ちの絵カードと同じものを尋ねる。
⑦尋ねられた人は，そのカードを持っていれば「Here you are.」と渡す。
　持っていなければ，「No, sorry. Go fish.」と伝える。
⑧絵カードをもらえた場合は，手持ちの同じ絵カードと2枚を合わせて机に
　置く。「Go fish.」と言われたときは，中央にある山から1枚をとる。
⑨次の人に交代する。

　手持ちのカードがなくなれば，中央の山から5枚取り，ゲームを続けます。
中央のカードが無くなれば終わりです。何ペアできたかで勝ちが決まります。
　休み時間の遊びとして Go Fish ゲームをトランプで楽しませておくと，
「Let's play go fish game with foods cards.」と伝えれば，すぐにゲームに
取りかかることができます。

STEP 2　グループで Go Fish ゲームを楽しむ

　各グループの代表者に絵カードを取りにくるように伝え，それぞれに活動を始めさせます。指導者はグループの活動を見守りながら見て回りましょう。英語でしっかりやりとりしている姿を称賛したり，困っていれば助言したりしていきます。

活動のポイント

・ゲーム中は「Only in English」で挑戦させるべし！
・「Here you are. / Thank you.」のやりとりもきちんと行わせるべし！

Chapter.3　5年生のミニ活動

43 得意な人さがしビンゴ
―What are you good at? / I'm good at ～ing.

人数 全員
準備物 ビンゴシート（STEP 2 参照），A 4 の 4 分の 1 サイズの紙，箱

ねらい

何が得意か尋ね合う活動を通して，「What are you good at? / I'm good at ～ing.」という英語表現に慣れ親しむ。

STEP 1 （前時の終わりに）自分が得意なことをカードに書く

　前時の授業の終わりに，自分が得意なことをカードに書き写す活動を行っておきます。A 4 サイズの用紙を 4 分割して切ったものを 1 人に 1 枚配付します。そのカードには前もって，「I'm good at（　　）.」と印刷しておきます。子どもたちは，自分が本当に得意なことを英語で書き入れます。言葉が分からない場合は，指導者やＡＬＴに尋ねるようにします。簡単なイラストで表してもよいことにします。

　書き終わった人から，カードを指導者のところにある箱に入れます。

STEP 2 得意なことを尋ね合い，ビンゴシートに書き込む

　３×３マスの空欄の表を印刷したビンゴシートを配付し，記名させます。全員が書き終わったのを確かめ，インタビューの進め方を次のようにデモンストレーションで示します。

指導者	: Hi! May I ask you a question? What are you good at?
代表児童	: I'm good at playing soccer.
指導者	: Oh, you are good at playing soccer. (Question, please.)
代表児童	: What are you good at?
指導者	: I'm good at cooking.
２人	: Thank you.（分かったことを９マスのどれかに書き込む）

　全体で子どもたちと上のやりとりを練習し，進め方を確認したあと，動き回ってインタビューを行います。インタビューにより，９マス全ての書き込みが終わったところで席に戻ります。

　指導者は集めたカードを箱から１枚ずつ取り出し「I'm good at ～.」と伝えながら，ビンゴゲームを楽しみます。ビンゴが１人できたところでゲームを終わりにします。

活動のポイント

・自分の本当に得意なことでやりとりさせるべし！
・シートへの記入はやりとりの後にさせるべし！

44 どの文字入れる？
―これまでに学習した語彙（文字と音のつながり）

人数	全員
準備物	なし

ねらい

ある言葉のはじめの1文字を除いた発音を聞いて，どの文字が入るか考えたり，試しに発音したりすることで，文字がもつ音への気付きを促す。

STEP 1　一部を除いた音を聞いて考える

子どもたちに「What's this?」と言い，はじめの1音を除いた部分を発音して聞かせます。例えば，「banana」であれば，「□ anana」と□の部分は何も言わず，残りの「anana」だけ声に出すのです。子どもたちが「何だろう？」と考え始めたら，声に

出しながら黒板に「□ anana」と書きます。そして，「What letter do you put in?」と問いかけます。

STEP 2　どの文字が入るか考える

次の写真のように，「□ anana」の□のまわりに小文字を書き入れます。「b」「t」「m」「l」「s」「p」などの子音の中から選ぶといいでしょう。

指導者は1文字ずつ指し示しながら，
⬜s anana, ⬜m anana, ⬜t anana, ⬜p anana,
⬜b anana…のように子どもたちと一緒に声に出し
ていきます。声に出すときは，指導者の後について
子どもたちが繰り返すように促します。

最後に，改めて「What letter do you put in?」と問いかけます。

STEP 3　他の言葉について考える

「What letter do you put in the next blank?」と次の言葉について考えさ
せます。例えば，次のようなものが考えられます。

---
① ⬜ ocolate　② ⬜ elon　③ ⬜ ine　④ ⬜ ake
---

①と②は，⬜に入る文字（音）が1つに絞れます。そのために，いくつか
文字を当てはめて声に出していくと，思わず笑ってしまいそうな面白い発音
に遭遇します。その違和感を楽しみながらも，音の
組み合わせの面白さを実感する体験になるでしょう。

③と④にはいくつかの文字が当てはまります。そ
のために，「たった1文字違うだけで，表すものが
違ってくるんだ！」という面白さに気付きます。

<子音>
b,c,d,f,g,h,j,k,l,m,n,
p,q,r,s,t,v,w,x,y,z,c
h,sh,th,ph,wh など

活動のポイント

・音の組み合わせを楽しませるべし！
・子音ならではの音に慣れ親しませるべし！

【参考】インタラクティブボード教材「Touch and Learn」東大英数理教室

Column
~5年生~
サッカーって日本語じゃないの？

普段使っている言葉さえ見直してしまう！

　言葉の面白さには「fun」と「interesting」の両方があります。高学年ともなれば，fun だけではない interesting な面白さに惹かれるようです。
　オーストラリアの小学生とインターネット電話で好きなことを尋ね合った後のふりかえりの時間に，亮太さん（仮名）がこう言いました。
　「ロバート君はさっき日本語を話していたよ。サッカーって言ってたよ」
　亮太さんはそれを聞いた友達から「サッカーは英語だよ」と言われ，「えっ，サッカーって日本語じゃなかったの？」と驚きます。このことをきっかけに，「じゃあ，サッカーって日本語でどう言うの？」という疑問が立ち上がったのです。「野球って言うときは日本語で言うのにね」など様々なスポーツの話題で盛り上がりました。子どもたちって，言葉についてこんなことを考えているのだと私自身が楽しみながら聞いていました。

ライスボールじゃなくてライストライアングルだよね

　『Let's Try 1』にも出てくる「rice ball」という英語。子どもたちが「おにぎりって英語でそう言うのか」と納得すればそこまでです。好きな「おにぎり」を伝えようとＡＬＴとやりとりしていたところ，「Oh, you like rice ball.」と聞こえてきました。すると，「ボールというよりはトライアングルだよね」とつぶやいたのです。続けて「こうやって三角ににぎるでしょ。そう言えば，おむすびとはどう違うの？」と日本語の表現にも目を向けていま

した。「なるほど！」私は思わず声を上げてしまいました。また，餅は rice cake と知り，「この英語は誰が決めたんですか？　あんまりピッタリこない」なんて言い出す５年生もいましたが，これをきっかけに，「cake」が表す意味を捉え直し，「だから，かまぼこって 'fish cake' って言うんだ！」と納得していました。子どもたちは，大人以上に「言葉」に真摯に向き合っている！　と感じる出来事でした。

　週に２時間ですが，外国語の授業で新たな英語表現に出会う度に，子どもたちっていろんなことを考えているのです。そんな「内なる言葉」に，その子どもの「言葉への気付き」が隠されていると考えます。「内なる言葉」をじっくり書き留めさせることで，学びを自覚化させたいと思っています。

「ナス」と「目玉焼き」

　絵本作家のアーサー・ビナードさんに，「なんでナスの英語に egg がついているんですか？」という疑問を伝える機会がありました。すると，逆にアーサーさんから，「僕が一番こわく感じた日本語って何かわかりますか？　それは'目玉焼き'ですよ！」と言われました。

　えっ，どうして？　とあまり疑問に思わなかったのですが，よくよく考えてみると…，うわあ！'目玉焼き'なんです。そりゃあ驚きますよね。何気なく使っている日本語を見直すと，やっぱり言葉って面白い！　と思うのです。アーサーさんの絵本『ことばメガネ』（大月書店）には，この英語ってこういうことだったの！　と楽しめる言葉がたくさん登場していておすすめです。

　英語の言葉に触れることで，そのものを表す言葉に，それ自体をどのように捉えているのかという見方・考え方が表れていることに気付きます。

Chapter.4　6年生のミニ活動

45　I & YOU トーキング
―I (You) like 〜. I (You) can 〜.

人数	グループ
準備物	サイコロ（グループに１つ）

ねらい
自分の好きなもの（食べ物，スポーツ，色など）やできることを伝えたり，友達の言ったことを繰り返しながら，これまで学習した英語表現を使い自己紹介ゲームを楽しむ。

STEP 1　（ゲームの前に）代表グループでモデルを示す

サイコロの数によって話す内容が決まりますので，黒板あるいは教室にあるモニターに１から６までのお題を示しておきます。次に，

「Make groups of 4. Put your desks together.」

とジェスチャーを付けながら子どもたちに伝えます。各グループの準備ができたところで，

1　誕生日にほしいもの
2　好きな食べもの
3　できること
4　好きなスポーツ
5　得意なこと
6　自分のイニシャル

「Come here, please.」

と全員を１つのグループの周りに集めます。全員がしっかり見えるかどうか確認したところで，次のように活動の進め方を実際に進めながら説明していきます。

① 「Do ジャンケン。You are the first.」
　（ジャンケンで勝った人から時計回りで進める）
② 「Throw the dice. It's '4'. Look at the number 4 on the blackboard. It says "好きなスポーツ".」
③ （1番目の人に）「Please say "I like tennis."」
④ 「Now your turn. You say（1番目の人を示しながら）"You like tennis. I like soccer".」
⑤ 「Your turn.（1番目の人に）You like tennis.（2番目の人に）You like soccer. I like ~.」（一巡するまで同じように続けていく。）
⑥ 「Do ジャンケン. Now you are the first. Throw the dice.」

　全員が理解できたかを確認します。質問があるかどうか「Do you have any question?」と尋ねます。確認できたところでグループに戻って始めさせましょう。

STEP 2　各グループで楽しむ

　各グループにサイコロを1つずつ配付します。グループでの活動が始まったら、それぞれの活動を見て回りましょう。互いに英語表現を教え合いながら活動を進められるように見守ります。グループの全員が困って活動が停滞しているときには、すぐに駆け寄りアドバイスしますが、その際も「Help, teacher.」と英語で伝えるように指示しておくといいですね。

活動のポイント

・モデルを示しながら進め方を伝えるべし！
・互いに教え合う姿を見守るべし！

46 文文カードマッチング
―語順

人数 グループ
準備物 動詞カード（小），目的語カード（小），「I」と書いたカード

ねらい

カードを並べながら，好きなこと，欲しいもの，日頃することの表現について語順（I＋動詞＋目的語）を意識しながら話したり，聞いたりする。

STEP 1 カードを配付する

机を合わせ，グループで活動できるようにします。1グループに動詞カードセット（5種類×4枚ずつ）と目的語カード（20～30枚）を配ります。動詞カードとは，「like」，「eat」，「want」，「play」，「study」の5種類です。目的語カードには，食べ物，スポーツ，楽器，教科，国名など数種類のカードを混ぜて配ります。

動詞カードは裏返しに重ねてグループの中央に置きます。目的語カードは1人に4～5枚ずつ配ります。

STEP 2 動詞カードを選び，それに合う目的語カードを横に添える

まず，机の上に「I」と書いたカードを置きます。ジャンケンをし，勝っ

た人から時計回りの順番で進めるようにします。

　順番が1番の人が，中央に置いている動詞カードの山から1枚取り，「I」のカードの右に置きます。手持ちのカードの中から，置いた動詞カードに合うものを考え，動詞カードの右に置いて，「I like baseball.」のように声に出します。他の人も，その動詞に合う目的語カードを持っていれば「I like salad.」「I like music.」など声に出して，目的語カードを置いていきます。

　動詞に合う目的語カードを持っていない場合は，出すことができません。

　1人1回につき，1枚しか置くことができないようにします。

　その後，次の順番の人が，中央の動詞カードを引いて同じように続けていきます。

STEP 3　ゲームの後，出来上がった文を紹介する

　授業中に行う場合，ゲームが終わった後に，出来上がった文を確認し，互いに紹介し合う場を設定してもいいですね。出来上がった文をグループで声に出し合いながら，通じる表現になっているかどうかを確かめさせてから，全体で紹介し合います。その後，ゲームの中で，気付いたこと，迷ったこと，面白いと思ったことなどを振り返らせると，語順への気付きや文づくりの楽しさを全体で共有することができます。

活動のポイント

・カードを置くときに，その表現をしっかり声に出させるべし！
・活動を通して気付いたことを振り返らせるべし！

【参考】菅正隆編著（2018）『小学校　外国語"We Can!2"の授業＆評価プラン』（明治図書出版）

Who is he/she? クイズ
―He/She can't 〜. But he/she can 〜.

人数	全員
準備物	インタビューシート（前時までに書き込む）

ねらい

できること，できないことをインタビューして記入したインタビューシートを見ながら，「He/She can't 〜. But he/she can 〜. Who is he/she?」と英語クイズを出し合いながらやりとりを楽しむ。

STEP 1 前時に記入したインタビューシートを配付する

前の時間に，できることとできないことをペアでインタビューし合い，インタビューシートに書き込んでおきます（右写真）。動作のイラストに○と△を書き入れるだけで，できるか

できないかが分かるような簡単なインタビューシートにしましょう。
　全部を集めてシャッフルしたインタビューシートをバラバラに配付します。それぞれの手元には，誰か別の人のインタビューシートが届くようにします。

STEP 2 Who is he/she? クイズを出し合う

歩き回り出会った相手と Who is he/she? クイズを行います。ジャンケン

をして勝った人から先にクイズを出すようにします。インタビューシートを元に，次のようにクイズを出します。

「She can't play soccer. She can't play baseball. But she can play the piano. And she can ride a unicycle. Who is she?」

「Is she ○○さん？」

「Yes, she is.」

のような感じです。

次に交代してクイズを出します。2人でクイズを出し合った後は，「Thank you!」と言って，次の相手を探します。

STEP 3 全体で Who is he/she? クイズを楽しむ

最後に，全体で Who is he/she? クイズを楽しみます。

出題者を1人決めます。前でインタビューシートの内容を元にクイズを出します。

「He can't ride a unicycle. He can't play the piano. But he can do Karate. He can play shogi. Who is he?」

歩き回って行った Who is he/she? クイズでのやりとりを思い出しながら，誰のことかを考えて当てます。

活動のポイント

・シートの名前から，He か She を判断させるべし！
・インタビューシートは○△だけの簡単記入にするべし！

Chapter.4　6年生のミニ活動

48 サークルゲーム
―Do you have a library?

人数	全員
準備物	建物や施設の絵カード（大・小）

ねらい
前時に学習した建物の名前を使い，「あなたの町には図書館がありますか？」などの表現に慣れ親しむ。

STEP 1 円をつくって立つ

まずクラス半分の子どもたちに，建物や施設の絵カード（小）を1枚ずつ配り，大きな円をつくって立つように指示します。

机や椅子があり，広い場所が取れない場合は，カードを持っている子どもは椅子に座ったままでいるようにします。残りの半分の子どもはその場に立ち上がるように指示します。

STEP 2 町にあるかどうか尋ね合う

カードを持っていない人は，カードを持った人のところへ行き，次のように尋ねます。

「Do you have a（場所や施設の名前）？」

相手がどのカードを持っているかを予想し，場所や施設の名前を尋ねます。黒板にそれらの絵カード（大）を貼っておくと，どれかを決める際の助けになるでしょう。その際，何を尋ねるか決めたら，相手の方をしっかり見てから尋ねることを大切にするよう伝えておきましょう。

尋ねられた絵カードを持っていれば，「Yes, we do.」と答え，相手に絵カードを渡します。カードを受け取った人は，「That's nice.」と言葉を返し交代します。手元の絵カードを渡した子どもは，絵カードを持っている他の子どもに尋ねに行きます。

尋ねられた絵カードを持っていない場合は，「No, we don't.」と伝えます。相手は，「Oh, you don't.」と言い，別の相手を探します。絵カードを渡した後は，同じ相手に尋ねてはダメだと前もって伝えておきましょう。

STEP 3 終わりの合図を告げる

タイマーなどで設定した時間が来れば，そこで終了です。
「Please stop. It's time to finish. Sit down.」と伝えましょう。
終わった時に絵カードを持っている人が勝ちです。
カードを持っている人を改めて立たせ，
「You are winner. Clap your hands.」とみんなで手を叩きます。

活動のポイント

・空いているところにすぐ移動させるべし！
・尋ねた後のお返しの言葉を大事にさせるべし！

49 ホリデージェスチャークイズ
—I went to 〜./ I ate 〜./ I enjoyed 〜.

人数 グループ
準備物 出来事に関する絵カード（大・小）

ねらい

夏休みだけでなく，週末や冬休みなどにどんなことをしていたのかをジェスチャークイズにして楽しみながら，過去の出来事を言い表す表現に慣れ親しむ。

STEP 1 8つの出来事について確認する

黒板に絵カードを提示します。夏休みの出来事を話題にする場合は，それに関するものを使用します。普段の週末の後に行う場合は，それに関する絵カードを用意して使用します。週末の出来事の場合は，次のようなものがよいでしょう。

・I went to shopping（grandparents' house など）．
・I ate lunch at a restaurant.（他に　I ate BBQ.）
・I enjoyed playing badminton.（reading comics など）
・I saw animals in a zoo.（a beautiful flowers.）

普段の週末で何をしたか，子どもたちに身近な表現を準備できるといいですね。

STEP 2　ジェスチャークイズを全体で楽しむ

まずは，指導者がジェスチャーを行います。絵カードの中から，1つを選びます。その様子がわかるように動きを示し，「What's this?」と問いかけます。

次に「Any volunteer?」と呼びかけ，1人を前に呼び，クイズを出題させましょう。

STEP 3　ジェスチャークイズをグループで楽しむ

グループに絵カード（小）を配付します。ジャンケンで勝った人から時計回りにするように伝えましょう。

順番が来たら，裏返したカードの中から1枚を選び，立ってジェスチャーを行います。分かったら，英語

で答えを伝えます。英語の言い方が分からないときは，友達同士で相談したり，「Help, please.」と指導者を呼んで尋ねたりします。

活動のポイント

・ジェスチャーは立ち上がって行わせるべし！
・正解したら「That's right.」と言わせるべし！

50 聞いた順に並べよう
―I went to/saw/ate/enjoyed ～.

人数 グループ
準備物 夏休みの思い出を示した絵カード（小）

ねらい

単元のはじめ，夏休みの思い出について指導者の話を聞いた後，順番通りに絵カードを並べさせる。その後，再び指導者の話を注意深く聞くことができるようにする。

STEP 1 （ゲームの前に）指導者の夏休みの思い出を聞く

まず，指導者は自分の夏休みの思い出を話します。その際，日付が入った写真をモニターで示しながら話すようにしましょう。指導者の本当の夏休みの様子がわかるものがいいですね。子どもたちが指導者の夏休みの思い出を聞き，楽しめるようにします。

子どもたちに伝える話の内容には，次のような表現を何度も入れます。
「I went to ～.」
「I saw ～.」
「I ate ～.」
「I enjoyed ～.」
「It was ～.」

STEP 2　絵カードを順番に並べる

　グループに絵カードを配付します。絵カードには，指導者が話した夏休みの思い出が１つずつ絵になっているものを作成しておきましょう。全部合わせて12枚ほど準備しておきます。

　次に，絵カードを話の順番通りに並べるように伝えます。子どもたちはグループで相談しながら絵カードを並べたり入れ変えたりしていくでしょう。

STEP 3　改めて指導者の話を聞く

　全グループが絵カードを並べ終えたところで，もう一度指導者が夏休みの思い出を話します。時折，「I went to ….」や「I ate ….」などのように間を入れながら話すようにします。子どもたちは，自分たちで並べた絵カードが合っているかハラハラドキドキしながら，１回目よりもさらに注意深く聞くことでしょう。

活動のポイント

・何も言わず，まずは夏休みの思い出を紹介するべし！
・話し終わったところで絵カードを配付すべし！

Chapter.4　６年生のミニ活動

51 倍々トーキング
—I went to 〜./ I ate 〜./ I enjoyed 〜.

人数 グループ
準備物 なし

ねらい
夏休みや小学校の思い出など，過去の出来事を伝える表現に慣れ親しませます。自分のことを伝えるとともに，相手の話に反応しながら，コミュニケーションを円滑にしようとする態度を育てる。

STEP 1 全体でお題を確認する

「Summer Vacation」であれば，5つのお題①行った場所「I went to 〜.」，②楽しんだこと「I enjoyed 〜.」，③見たもの「I saw 〜.」，④食べたもの「I ate 〜.」，⑤感想「It was 〜.」を順番に話し進めるように，板書で示しながら全員に確認します。「①から順に話しましょう」と伝えた方が，子どもたちはやりやすいようです。

STEP 2 1つのお題について，聴き合う（1巡目）

グループをつくり，ジャンケンをして勝った人を1番に，時計回りで進めていくことを伝えます。全体がジャンケンし終わったところで，
「Who is the first person?」
と確認しましょう。その後，1つのグループをモデルに進め方（次のイラスト）を説明します。

指導者は，「You」のところを相手に確認しながら言うように，モデルを示しましょう。

STEP 3　2つ目のお題を付け加え，さらに聴き合う（2巡目～）

　改めてジャンケンを行い，2巡目の順番を決めます。2巡目はお題①②の2文を言うようにします。3巡目も同じようにジャンケンをし，話す順番を新たに決め直してから始めます。話す内容も①②③のお題3文ずつを話していきます。

　同じ倍々ゲームを，単元の前半と後半で内容を変えることもできます。例えば，単元のはじめでは，絵カードを1枚ずつ選びながら進めます。単元の後半では，絵カードは使わず実際の出来事でお題を話すようにします。

活動のポイント

・1つのグループでモデルを示すべし！
・友達の話をしっかり聞いている態度を称賛すべし！

Chapter.4　6年生のミニ活動

ラッキーオリンピックゲーム
―What do you want to watch?

人数	全員
準備物	競技絵カード（大・小）

　カード交換していくゲームを楽しむ中で，「What do you want to watch?」と，観たい競技について尋ね合う英語表現に慣れ親しむことができるようにする。

STEP 1　指導者とマッチングする

　口慣らしとして，黒板に貼った絵カードを見ながら声に出していきます。まず，指導者が「tennis」と言った後に，子どもが「tennis」と繰り返します。

　一通り競技名を言った後は，「I want to watch swimming.」のように文で繰り返し声に出していきましょう。

　最後に，次のようにマッチングゲームを楽しみます。

指導者「What do you want to watch?」
子ども「What do you want to watch?」
指導者と子ども「I want to watch」（それぞれ1枚カードを取る）
指導者と子ども「競技名の英語」
（同じ競技カードであれば1ポイント）

124

STEP 2 観たい競技を尋ね合う

手持ちのカードから1枚を手に取ります。自由に動き回って相手を見つけます。相手とジャンケンをします。ジャンケンをして勝った方が次のように尋ねます。

「What do you want to watch?」

尋ねられた人は、自分の手持ちのカードの競技を答え、その後相手に尋ね返します。

「I want to watch sailing. What do you want to watch?」

相手は，

「I want to watch（競技名）.」

と答えます。同じ競技であれば，「Oh, Same! See you later.」と言い，別れます。異なる競技であれば，「I see.」と伝え，カードを「Here you are./Thank you.」と交換します。

終わりの合図があるまで，やりとりを続けます。

最後に，指導者が引いたカードと同じであればラッキーポイントをゲットできます。

「How many points did you get?」

と，マッチングと合わせて何ポイントゲットできたか確認します。

活動のポイント

・マッチングではリズムよく言葉を掛け合うべし！
・答えを聞いた後の反応までを大事にやりとりさせるべし！

Chapter.4　6年生のミニ活動

53 メモリーマッチング
—What's your best memory?

人数 ペア
準備物 ベストメモリーカード（学校行事絵カード）（小）

ねらい

学校行事の絵カードを使って，マッチングゲームを楽しむ活動を通して，「What's your best memory?/ My best memory is ○○.」の言い方に慣れ親しむ。

STEP 1　全ての絵カードを裏返し，ジャンケンをする

　それぞれに手持ちのベストメモリーカード（運動会や修学旅行，水泳大会や音楽会など12枚ほど）を裏返して置きます。裏返し終わったら，カードをシャッフルし，どこに何があるか分からないようにします。
　2人でジャンケンをして勝った人が先に
「What's your best memory?」
と尋ねるようにします。相手は自分の前にあるカードを1枚取ります。
　そのカードを相手には見せないようにして，
「My best memory is the school trip.」
と伝え，続けて相手に，
「What's your best memory?」
と尋ね返します。相手は，自分の前にあるカードを1枚取り，相手に見えないよ

うにしながら,
「My best memory is ～.」
と答えます。

STEP 2　マッチングするようにやりとりを続ける

2人のカードが同じものだった場合は，2枚を並べて置きます。異なるカードだった場合は，それぞれカードを裏返し元に戻します。

改めて，ジャンケンをして勝った方から，
「What's your best memory?」
と尋ね，STEP 1と同じように進めていきます。

STEP 3　マッチングした数を確認する

「Stop, please. It's time to finish.」
と子どもたちに終わるように伝えます。
「How many pairs do you have?」
と何ペアのカードがマッチングできたかを尋ねます。たくさんできた2人，あるいは，指導者が選んだカードがマッチングできていれば勝ちとします。

活動のポイント

・マッチングした場合「Same!」と声をかけ合わせるべし！
・冒頭でモデル提示するときは分かりやすく短い時間で行うべし！

54 ラッキーメモリーゲーム
—What's your best memory?

人数	ペア，全員
準備物	学校行事絵カード（小）

ねらい

選んだ絵カード5枚について，2人で「What's your best memory?/ My best memory is 〇〇./ Same!」と同じ絵カードを持っているかどうか確かめながら，思い出を尋ね合う言い方に慣れ親しむ。

STEP 1　学校行事絵カードの中から5枚を選ぶ

学校行事絵カード（小）10枚程度の中から，5枚を選び手に持ちます。5枚の選び方は，下のようにいくつかの方法で行うことができます。

① 全部裏返した中から無造作に選ぶ。
②「自分の思い出ベスト5」として選ぶ。
③「先生の思い出ベスト5」を予想して選ぶ。

子どもたちがカードを選ぶ際は，①～③のどれにするかを一言添えるといいですね。①は何も考えずさっと選ぶことができます。②，③のような条件がつく場合は，「考えて選ぶ面白さ」や「ぴったり合ったときの嬉しさ」などが生まれます。

STEP 2　ペアで尋ね合う場合（①と②）

①と②の場合はペアで行います。ジャンケンをして，勝った人から先に質問を始めます。

「What's your best memory?」

答える相手は5枚のうちから1枚を選び「My best memory is 〜.」と伝えます。同じカードを持っていれば，「Same!」と言い，同じ考えだったことを喜びます。カードは2枚揃えて机に置きます。続けてジャンケンで負けた方が質問をします。同じ要領で質問を交代しながら，5枚のカードについてやりとりを続けていきます。いくつマッチングするかを楽しみます。

STEP 3　指導者に尋ねる場合（③）

③でカードを選んでいた場合はクラス全体で行います。子どもたちに，

「What's your best memory?」

と言わせます。指導者は思い出ベスト5を

「My first memory is 〜. The second memory is 〜.」と話します。指導者が言ったカードを持っていれば，「Same!」となり，手持ちのカードがなくなった人が勝ちです。

活動のポイント

・「Same!」と揃う楽しさを言葉で表現させるべし！
・ペアの相手としっかり向かい合ってやりとりを行わせるべし！

55 頭しっぽ探しゲーム
―What do you want to be?

人数	全員
準備物	小文字カード，職業文字入りカード（小）

ねらい
　職業名の英語の空欄に入る小文字はどれか，あるいは，2つに分かれた言葉のもう一方を探すゲームを通して，職業を表す英語の言葉に慣れ親しむ。

STEP 1　カードを配る

　2種類のカードを用意します。例えば，「頭探し」であれば，空欄カード（□eacher）と小文字カード（ t ）がマッチするような2種類です。クラスの半分に空欄カード，半分に小文字カードとなるように配

付しましょう。空欄カードと小文字カードは色を分けて印刷しておきましょう。空欄カードには，その職業も表すイラストもかかれているものにすれば，子どもたちのヒントになります。

STEP 2　代表1人と「頭探し」のデモンストレーションを行う

　「Any volunteer?」
と投げかけ，1人を前に呼びます。相手が何色のカードを持っているかを見

て，指導者は別のカードを手に持ちます。

小文字カードを持っている方が先に次のように尋ねます。

「What do you want to be?」

「□ ire fighter」のような空欄カードを持っている相手は，

「I want to be a fire fighter.」

と答えます。そして，空欄に入る小文字について次のように相手に尋ねます。

「Do you have 'f' ?」

相手の人が持っていれば，「Yes, I do.」と伝え，持っていなければ「No, I don't. Sorry, see you.」と言って別れて，相手が見つかるまでゲームを続けるように伝えます。

やり方が分かったところで，ゲームを始めます。2人のカードがマッチし，言葉が出来上がったら，指導者のところへ行き職業名を伝えます。新たなカードを受け取り，ゲームを続けます。

STEP 3 「しっぽ探し」の場合

「dent」と「ist」，「farm」と「er」のように分けて作成した文字カードを準備して，STEP 1, 2のような活動を行うこともできます。このようなしっぽ探しでは，職業の言い方の特徴に気付きを促すことができます。

職業を表す語尾には他にも「〜ian」，「〜or」「〜ant」などがあります。

活動のポイント

・色違いのカードでマッチングさせるべし！

・マッチングできたら指導者に報告させるべし！

56 フィンガーツイスター
—Junior High School Life（部活動などを表す語彙）

人数 全員
準備物 児童用テキスト

ねらい

ゲームを通して繰り返し聞くことにより，中学校での部活動を表す語彙（chorus, art club, science club, brass band, computer club, tennis team, kendo club, dance team, など）に慣れ親しませる。

STEP 1 ポインティングで語彙を確かめる

まず，中学校の部活動などが描かれたページ（あるいはシート）でポインティングゲームをします。指導者は，「baseball team」のように，1つずつ声に出していきます。子どもたちには，聞こえた部活動の絵を探し，指で抑えていきます。一通り確認できれば，指導者の後に同じように声に出させて，口慣らししていきます。

STEP 2 4つの絵を選んで指を置く

子どもたちに絵の中から4つを選ぶように伝えます。4つを選んだら，それぞれを指で押さえるようにします。両手のどの指を使ってもいいことにします。

STEP 3 選んだ絵が言われたら指を外す

次の英語表現を声に出すように伝えます。

「What do you want to join in junior high school?」

ゲームを始める前に2～3度声に出して練習させます。練習後，指導者の後に続けて言うようにします。子どもたちが声に出した後に，指導者は，

「I want to join ～.」

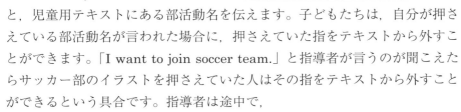

と，児童用テキストにある部活動名を伝えます。子どもたちは，自分が押さえている部活動名が言われた場合に，押さえていた指をテキストから外すことができます。「I want to join soccer team.」と指導者が言うのが聞こえたらサッカー部のイラストを押さえていた人はその指をテキストから外すことができるという具合です。指導者は途中で，

「Reach?」

など，押さえているものが1つだけになった人がいないかどうかを尋ねながら，ゲームを盛り上げていきましょう。指で押さえているもの全てが言われ，全ての指を外すことができれば，

「Finish!」

と言うようにします。誰か1人が「Finish」と言ったところでその子どもに「You are the champion.」と伝え，ゲームオーバーとします。

活動のポイント

・「What do you ～?」とリズムよく声に出させるべし！
・「I want to join …」で間をあけて，ドキドキ感を誘うべし！

57 My Word Bankづくり
―What did you learn today?（その日の振り返り）

人数	1人
準備物	My Word Bank ノート（STEP１参照）

ねらい

授業の終わりに，特に心に残る英語の語彙や表現，気付きなどを自分専用のノートに記録を残す。少しずつ「自分の言葉」がたまることで，自分専用の辞書の機能だけでなく，学びの足跡となる。

STEP 1 ノート作成の準備をする

Ａ４サイズのノートを半分に切ります。「My Word Bank」や「My English ポートフォリオ」，「My dictionary」，など名前をつけて表紙をかざります。自分の名前もローマ字で書き込みます。

表紙の裏に，このノートをどのように使うのか，指導者の願いをもとに子どもたちと話し合いながら決めたことなどを記すようにします。例えば，次のようなものはどうでしょう。

- ・今日の授業で気になった英語の言葉とその理由を書きましょう。
- ・覚えておきたい英語の表現と使う場面を書きましょう。

STEP 2 ノートに書き込む

授業の終わり，1人でじっくりその日の学びを振り返りノートに記入していきます。

「What did you learn today?」

「What word do you write down on your notebook?」

のように伝えます。

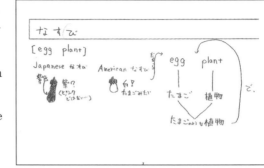

落ち着いて振り返ることができるように，できるだけ子どもたちへの声かけはしません。毎時間続けていくと，「カツカツ」という鉛筆の音だけが聞こえるようになります。書くことが苦手で，何をどう書くのか困っている子どもたちもいます。そっと寄り添い，授業中のつぶやきから気付きを伝えたり，心に残った言葉は何かを尋ねたりします。

STEP 3 （活動後）全員の記入を次の授業のはじめで共有する

毎回，ノートを集め子どもたちの学びに目を通します。可能であれば，全員の記入を縮小して印刷するか，透明ファイルに入れて教室に掲示できるようにしておきます。全員が読むことができるようにすると互いの学びを次の活動に生かしたり，記入の仕方の参考になったりします。タブレットが使える環境であれば，デジタル版の My Word Bank にすると活用が広がります。

活動のポイント

・子どもならではの言葉の学びに注目すべし！
・互いのノートを見せ合う場で学びを共有すべし！

Chapter.4　6年生のミニ活動

58 仲良しスクラブル
―これまでに学習した語彙

人数	ペア
準備物	書き込み用台紙,児童用テキスト

ねらい

英語の単語を,友だちと交互に書き込みながらつなげていく。児童用テキストにある word list を見ながら進めることで,音声を中心に慣れ親しんできた単語の文字を確認する。

STEP 1 マス目にはじめの言葉を書き入れる

マス目(15マス×15マス)を書き込んだ用紙をペアに1枚配ります。

「はじめの単語」を決め,マス目の中央に書き込むように伝えましょう。例えば,その日に学習した単語の中から1つ選んで書かせてもいいですね。

STEP 2 交互に言葉をつなぐ

ジャンケンをして勝った人から始めます。最初に書き込んだ言葉の中の1

文字につながるように，別の単語を見つけてマス目に文字を書き入れます。例えば，最初の単語が「nice」だとします。n, i, c, e の4文字のどれかを含む言葉を児童用テキストのワードリストから探します。「c」の横に「ネコ」を表す「cat」をつくろうと考えれば，「a」と「t」をつなげて書き込みます。相手と交代します。設定した時間まで，2人で相談しながら書き込ませます。2人の対戦ではなく，協力しながらできるだけ多くの単語をつないでいくように声をかけましょう。

STEP 3 出来上がりによってプライズを獲得！

出来上がりによって，いくつかの賞を決めます。たくさんの単語を書くことができたペアを「gold prize」，2番目を「silver prize」，3番目を「bronze prize」として称えます。また，指定された単語があれば「ラッキー賞」です。出来上

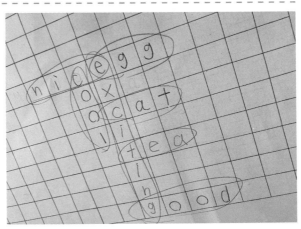

がった単語の多さではなく，少ない単語でもゲットできる楽しみとなります。どんな単語にするかは，絵カードから1枚引く，「"m" から始まる言葉」にするなど様々に工夫することができます。

活動のポイント

・2人の協力で進めるべし！
・ワードリストを準備するべし！

Chapter.4　6年生のミニ活動

59 真実の口ゲーム
―これまでに学習した英語表現の復習

人数 ペア
準備物 なし

ねらい
本当のことかそうでないかを考えながら，指導者が話す英語を聞く活動を通して，これまでに慣れ親しんだ英語表現の意味を理解することができる。

STEP 1 「真実の口」の話を伝え，ゲームの準備をする

まず，ローマの名所である石の彫刻「真実の口」の写真を見せ，子どもたちに，真実の口の伝説を伝えます。

隣の席の友達とジャンケンをするように伝えます。勝った人は「真実の口」役として，手で「口」をつくります。負けた方は相手がつくった真実の口に手を入れます。

STEP 2 「真実」は繰り返して声に出す

2人組で手の準備ができたところで，指導者が英語で話し始めます。指導者の話が真実の場合，子どもたちは同じように英語で繰り返します。「真実」として話す内容は，これまでの学習で慣れ親しんできた英語表現とします。例えば次のようなものです。

- Seven plus nine is sixteen.
- Otani Shohei can play baseball.

STEP 3 「ウソ」が聞こえた場合…

しばらく真実を繰り返した後で，明らかに「ウソ」だと分かるものを英語で伝えます。例えば次のようなものです。

- Green plus yellow is blue.
- Elephants can fly.
- Fujii Sota is a pro soccer player.

子どもたちは，「ウソ」だと判断し，「口」役の人は「口」を閉じるように手を閉じます。相手の人は「口」につかまらないように逃げます。

「真実の口」役を交代して，ゲームを続けます。

慣れてきたら，両手で「真実の口」と「口に入れる手」の両方をつくって（右上写真）楽しむこともできます。

活動のポイント

・間を入れ話すことで，ドキドキ感を高めるべし！
・男女ペアでだれとでも仲良く楽しませるべし！

【参考】金森強（2011）『小学校外国語活動　成功させる55の秘訣』（成美堂）

60 スパイゲーム
—これまでに学習した英語表現の復習

人数 全員
準備物 質問カード

ねらい

ゲームの中で繰り返し尋ね合う活動を通して「What 〜 do you like? / Can you 〜? / When is your birthday?」など，これまでの学習で慣れ親しんだ英語表現でやりとりを楽しむ。

STEP 1 ポリス役とスパイ役を決める

指導者は子どもたちに次のように英語で呼びかけ，ポリス役を募ります。
「Who wants to be a police officer?」
1人を選び，次のように伝えます。
「You are the police officer. Could you please wait outside?」
ポリス役の子どもが廊下に出たのを確認した後に，
「Who wants to be the spy?」
とスパイ役を1人決めます。スパイ役である印に，スパイグッズとしてマグネットや消しゴムなどを渡しポリス役には見せないように伝えます。
全員でポリス役を次のような英語で呼びます。
「Okay, come in now!」
ポリス役の子どもは，教室の前に立ちます。

STEP 2 英語で質問しながらスパイ役を探す

　ポリス役の子どもは，誰か1人に質問をします。必要に応じて，教師の用意した質問カードに書いてある質問を使用します。スパイ役の人は，本当のことを答えません。他の子どもたちは質問にきちんと答えるようにします。例えば，次のようなやりとりになるでしょう。

> **ポリス役**：What's day is it today?
> **子ども1**：It's Tuesday.
> **ポリス役**：What's this?
> **子ども2**：It's a pencil.
> **ポリス役**：What color is this?（赤いものを指しながら）
> **スパイ役**：It's blue!
> **ポリス役**：You are the spy!
> **スパイ役**：Yes, I am.（と言いながら持っているスパイグッズを見せる）

活動のポイント

・ポリス役には質問カードを準備すべし！
・慣れてきたらポリス役を増やすべし！

Chapter.4　6年生のミニ活動

Column
~6年生~
茶道ってティーロードでいいかな？

「どう言えばいいのかな？」伝えたい思いがあるからこそ

　前任校では，国際交流を目的に高学年でのみ外国語活動を行っていました。オーストラリアやインドネシアの学校との交流に向け，外国語活動をプロジェクト型学習として取り組む中で，子どもたちが自分たちで言葉を創り出そうとする姿をたくさん見てきました。例えば，日本文化を紹介する動画をグループに分かれ準備していたときのことです。「茶道」を紹介するグループの直樹（仮名）さんが，次のように友達に尋ねていました。

　「'茶道'って'ティーロード'でいいかな？」

　そう，漢字をそのまま英語にして表現しているのです。とっても素敵だなあと嬉しくなりました。なぜなら，相手に伝えたいから，必死に考え，漢字を頼りに英語にしようと自ら頭を働かせているのですから。その後ＡＬＴの先生に尋ね「Tea ceremony」と知った子どもたちは，「ロードがなぜ使われていないのか」，「日本語の'～道'って？」と考えを巡らせていました。

　こんな子どもたちの姿もありました。担任を紹介する場面でのことです。

　「英語辞書に'担任'って，'Homeroom teacher'って書いてあるよ」

　「えっ？'ホームルームティーチャー'？なんか'家庭教師'みたいだね。'ホーム'って家のことでしょ？なんで担任に使われているんだろう？」

　この疑問を学級全体で共有していると，別のグループの子どもたちから，

　「'ホーム'ってサッカーの試合でも'ホームとアウェイ'みたいに使うけど，もしかしたら'ホーム'って'本拠地'ってことじゃない？」

　という考えが出されたのです。ある子どもの疑問をもとにみんなで考え合っ

たからこそ，自分たちで「home」という言葉を分かり直した学びでした。

何気ないやりとり，だけど本物のコミュニケーション

　高学年の外国語科ではスモールトークを行います。スモールトークにおける本当のやりとりでこそ，「人とかかわる楽しさ」と「伝える難しさ」を味わうことができると考えます。ある学校で，好きなキャラクターを話題に活動をしていました。担任の先生が途中で活動を止め，「困ったことはない？」と尋ねます。

　「まっくろくろすけが好きなんですけど，どう言えばいいか…」
　「Black, black monster はどう？」

　別の子どものアイデアに周りの子どもたちも「Oh, Nice!」と反応します。尋ねた子どももなんだか嬉しそうでした。すぐに答えを聞くのではなく，互いの足場掛けにより共に思考する姿が見られるのも，このスモールトークの醍醐味ですね。このような立ち止まりでこそ，「言葉って面白い！」，「自分で考えることが楽しい」と体験的に学ぶことができるのだと感じました。

6年生も楽しむ英語の音！

　「一千万⁉」これは，誕生日を伝え合う学習で初めて「December」を聞いたときの子どもの驚きです。「October」を聞いた子ども「オクトパスとなんか関係ある？」という疑問。全体で「一千万，December.」と交互に声に出してみては「うん，確かに似てる！」と共感したり，ＡＬＴから「oct」が「8」を表すこと，「なぜ10月なのに'8'が使われているのか」という話を聴いたりしました。「December」も「October」も頭から離れなくなります。このような素直な驚きや疑問を聴き合える教室だからこその学びですね。

【著者紹介】

前田　陽子（まえだ　ようこ）
大分県中津市生まれ。熊本市立飽田東小学校教諭。
2017年度，英語教育推進リーダー中央研修受講。
2018年度，熊本市外国語巡回指導教員。
2019年度，熊本市英語指導力向上事業研究推進教員。
2018年度より熊本県小学校英語教育研究会事務局研究部長。
熊本大学教育学部英語科卒業後，熊本県牛深市および熊本市内の公立小学校，熊本大学教育学部附属小学校に勤務する。
1年生から6年生の学級担任，熊本市生活科研究員，総合的な学習の時間専科，外国語活動専科を経験。
国際交流やICT活用を通じながら，日々の授業における「言葉への気付き」や「コミュニケーション力の育成」を促す活動の工夫を探究中。「九州学びの会」にて子どもたちのつながりと学び合いの実現をめざした支え合い育ち合う研修にて学び中。

小学校英語サポートBOOKS
5分でできる！　小学校英語　ミニ活動60選

2019年8月初版第1刷刊	Ⓒ著　者	前　田　陽　子

発行者　藤　原　光　政
発行所　明治図書出版株式会社
http://www.meijitosho.co.jp
（企画）小松由梨香（校正）宮森由紀子
〒114-0023　東京都北区滝野川7-46-1
振替00160-5-151318　電話03(5907)6701
ご注文窓口　電話03(5907)6668

＊検印省略　　　　組版所　広　研　印　刷　株　式　会　社

本書の無断コピーは，著作権・出版権にふれます。ご注意ください。

Printed in Japan　　　ISBN978-4-18-112212-6
もれなくクーポンがもらえる！読者アンケートはこちらから
→